なぜ、また
行きたくなるのか

観光の力

世界から愛される国、カナダ流のおもてなし

半藤将代

はじめに

「観光の力」が傷んだ世界を救う

私がカナダ観光局で仕事をするようになってから、もう20年以上が経過した。カナダ観光局とは、世界中から観光客を誘致するためのカナダの政府機関。だから私が所属する日本支部も、より多くの日本人にカナダに行ってもらうことが一番の仕事となる。

メディア・広報部門の責任者として新聞、テレビ、雑誌などでカナダを取り上げてもらうよう働きかけたり、取材の手伝いをしたりしてきた。広くカナダの魅力を知ってもらうためのキャンペーンやイベントを仕掛けることもした。2015年11月に現職である日本地区代表に就任したが、私がやってきたことは一貫して「カナダ観光のマーケティング」だった。

だから私の関心の中心にはいつも「送客」があった。送客を増やすには定番のカナディアン・ロッキーやナイアガラの滝だけでは足りない。知られていない場所にも行ってもらおう、カナダの新しい魅力を発掘しようと、私自身がカナダ中を駆けずり回ってきた。

そうやって訪れたカナダ各地で、その土地の多様な魅力を知り、人々の地元愛に触れ、幸せに暮らす姿を見るうちに、いつしか私の中で送客数を増やすことだけが観光業にとって大事なことなのだろうかという疑問が強くなっていった。

政府からも住民からも見捨てられた小さな島が観光の力で再生し、世界の観光業界の注目を集めるようになった事例を目の当たりにした。観光客に見せることをてこに、先住民が失われた伝統の踊りや文化、そして自らの誇りを取り戻す姿にも触れることができた。カナダ各地で起きた観光にまつわるそんな驚きの物語を広く知ってもらいたいと考えたのが、この本を書こうと思ったきっかけだ。

そうして各章の原稿を書き進めながら、カナダ各地で起きた奇跡のような物語について考えるうち、観光には傷ついた地域と人々を癒し、和解させ、再生させる力があることに気づかされた。観光にはさまざまな問題を解決し、地元の人と観光客の双方を幸せにするとてつもないパワーがあることを認識させられた。だから私はこの本のタイトルを「観光の力」とすることにした。

カナダ流のおもてなし

もう一つ、サブタイトルにある「カナダ流のおもてなし」についても説明しておきたい。

移民国家カナダは、昔からここで暮らしてきた先住民と、世界中からやってきてカナダをふるさとと呼ぶようになった人たちで構成されている。カナダは1971年、世界で初めて「多文化主義政策（multiculturalism）」を国の目標に掲げ、ジェンダー平等やＬＧＢＴＱ（性的マイノリティー）の問題にも取り組んできた。多様性を重視し、あらゆる人が排除されることのない、公正で支え合う、誰一人取り残さない社会を目指しているのがカナダなのだ。

20数年前、アメリカの企業からカナダ観光局に転職した私は、こうしたカナダという国のありように触れ、これ以上ないカルチャーショックを受けていた。驚き、困惑し、自分が「浮いている」とさえ感じていた。

当時、アメリカの企業で働いていた私の周囲で語られていたのは、競争力、スピード、生産性、効率といった言葉だった。しかしカナダ観光局でみんなが口にするのはリスペクト、相互理解、人間性（ヒューマニティー）など。なかでもカナダ人が押しなべて口にする言葉こそが「コンプロマイズ（compromise）」だった。

妥協や譲歩といった訳語が当てはまるが、品よく訳せば「歩み寄り」ともいえる。訳はどうであれ、妥協や譲歩をすればアメリカでは即座にして負けになってしまう。にもかかわらず、カナダ人の心の真ん中にあるのはコンプロマイズだった。

違和感たっぷりだったコンプロマイズは、時を経るにしたがって徐々に、極めて重要なものとして私の中に染み渡っていった。カナダは移民国家として違うルーツや文化、習慣、考え方を持つ人がどうやってお互い幸せに暮らせるかに正面から向き合ってきた。すべてに貫かれているのはコンプロマイズだった。

だから「カナダ型観光」は、なによりも地元住民の幸せや自然環境、食の安全を大切にし、オーバーツーリズムを排してきた。効率を重視した大量送客で単価を抑えたり、地元の人が低賃金でサービスを提供したりすることによって成り立つ格安旅行が増えるなか、「カナダ型観光」はまったく逆の道を歩んできたといっていい。

おかげでカナダは日本からの旅行先としてはコストが高く、常に送客の足かせとなってきたのも事実だ。しかし今、世界中でＳＤＧｓ（持続可能な開発目標）が語られるようになってみると、みんなの幸せ、コンプロマイズに貫かれたカナダの観光のあり方は正しかったのだと思う。「カナダ型観光」は言わば「一周遅れのトップランナー」だったといってよい。

レスポンシブル・ツーリズム（責任ある観光）

人々が幸せだと感じながら暮らす土地を訪れることは、観光客にとってなんと幸せなことだろう。自分たちが暮らす土地を心から大切に思い、観光客にも好きになってもらいたいと願うから、心からの「おもてなし」がわき出てくる。そのおもてなしは観光関係者に限らない。ふつうの人たちが自分たちの土地を好きなってもらいたいと日常生活を分かち合い、観光客を受け入れてくれるのだ。そんな経験をしたら、誰だってまたカナダに行きたいと思うようになる。だから私は本のサブタイトルを「世界から愛される国、カナダ流のおもてなし」としたのだ。

さて、ほんの少し前まで、観光には経済的に大きな可能性があることは世界の共通認識だった。国際観光客到着数は2019年まで10年連続で年率約4％またはそれを上回る成長を示していたし、2019年に世界中で旅を楽しんだ国際観光客は14億6000万人にも達していた。日本でもインバウンドは、数少ない成長産業の一つとして強い期待が寄せられていた。

しかし2020年、新型コロナウイルスの世界的な感染拡大により、観光は甚大なダメージを被った。人の移動が制限され、何百万人という世界中の旅行業界関係者が生活の危機に瀕することになった。交通、宿泊、飲食、小売りなど、地域経済を支える産業も観光需要を失い、多大なダメージを受けた。観光はもはや「リカバリー（回復）」ではなく「リビルド（再建）」が必要とさえ言われている。

ただし、新型コロナウイルス感染拡大の前から、観光にはほころびが見え始めていたのも事実だ。観光ビジネスに携わる人間は皆、質より量を重視する消費拡大型の観光プロモーションから脱却しなければ、長期的な安定と成長は望めないことに気づいていた。

たくさんの人が観光を楽しむことによって、環境破壊や観光公害が引き起こされていた。ピークシーズンへの稼働率の集中や特定の土地への観光客の集中など、近年観光が抱えてきた構造的な問題にメスを入れ、一刻も早く「量から質へ」と舵を切るべきだった。だからコロナショックがなかったとしても、観光市場はいずれ失速していたかもしれない。

そして、実際にコロナ禍に見舞われた観光業界で強く意識されはじめたのが「レスポンシブル・ツーリズム（責任ある観光）」という言葉だ。レスポンシブル・ツーリズムとは、観光客と地域住民がお互いに敬意を払いながら訪れ、迎え入れること。観光客もその土地の環境や文化などに与える影響に責任を持ち、ともにより良い観光地を作っていこうという考え方だ。

単に何度でも訪れられるよう、森を痛めたりビーチを汚したりしないようにするだけではない。レスポンシブル・ツーリズムはお互いのリスペクトの上に立った共感の旅なのだ。コロナウイルスに見舞われたあと、外からやって来る人を受け入れるのは誰にとっても抵抗があり、躊躇《ちゅうちょ》することだ。だからこそ今、レスポンシブル・ツーリズムが必要不可欠なのだ。

人と人のつながりが弱まった途端、人種差別に起因する事件が報じられた。格差をはじめとする社会問題も表面化した。私たちは世界中の一人一人が協力し、助け合わなければ困難に打ち勝てないことも学んできた。

この本が出版される頃、再び国境が開かれ、旅行者がカナダの人々と再び交流できるようになっていることを願わずにはいられない。人が自由に行き来し、触れ合えることはなんと幸せなのだろう。つながり、理解しあい、助け合うために、観光の力こそが世界の再生に必要なのだと私は確信している。

カナダで起きた驚きの物語

この本は、観光マーケティングのノウハウやテクニックを紹介するものではない。20年以上の経験を通じて私が知った観光のとてつもないパワーと、カナダで起きた驚きの物語を伝えたいという思いで書き始めた。観光がカナダ各地でいかに人々を幸せにしたかの実例を広く知ってもらいたいのだ。

地元の人たちの並々ならぬ地域愛が問題を乗り越え、大逆転を起こした。その物語を存分に味わってほしい。観光の力で地域を幸せにするためにはどうしたらよいのか。地域が抱える問題の解決に観光をどう活用できるのか。この本で紹介する事例には観光のあるべき姿を考えるヒントが詰まっているはずだ。

観光に従事する人、地域を元気にしたいと思っている志ある人、そして旅を愛するすべての人たちに、ぜひこの本を読んでもらいたい。これから地域を元気にし、世界を元気にし、みんなが幸せになるために、観光の力を大いに役立ててほしい。

観光の力

世界から愛される国、カナダ流のおもてなし

第１章

フォーゴ島

Fogo Island

見捨てられた島が、世界の心をつかんだ

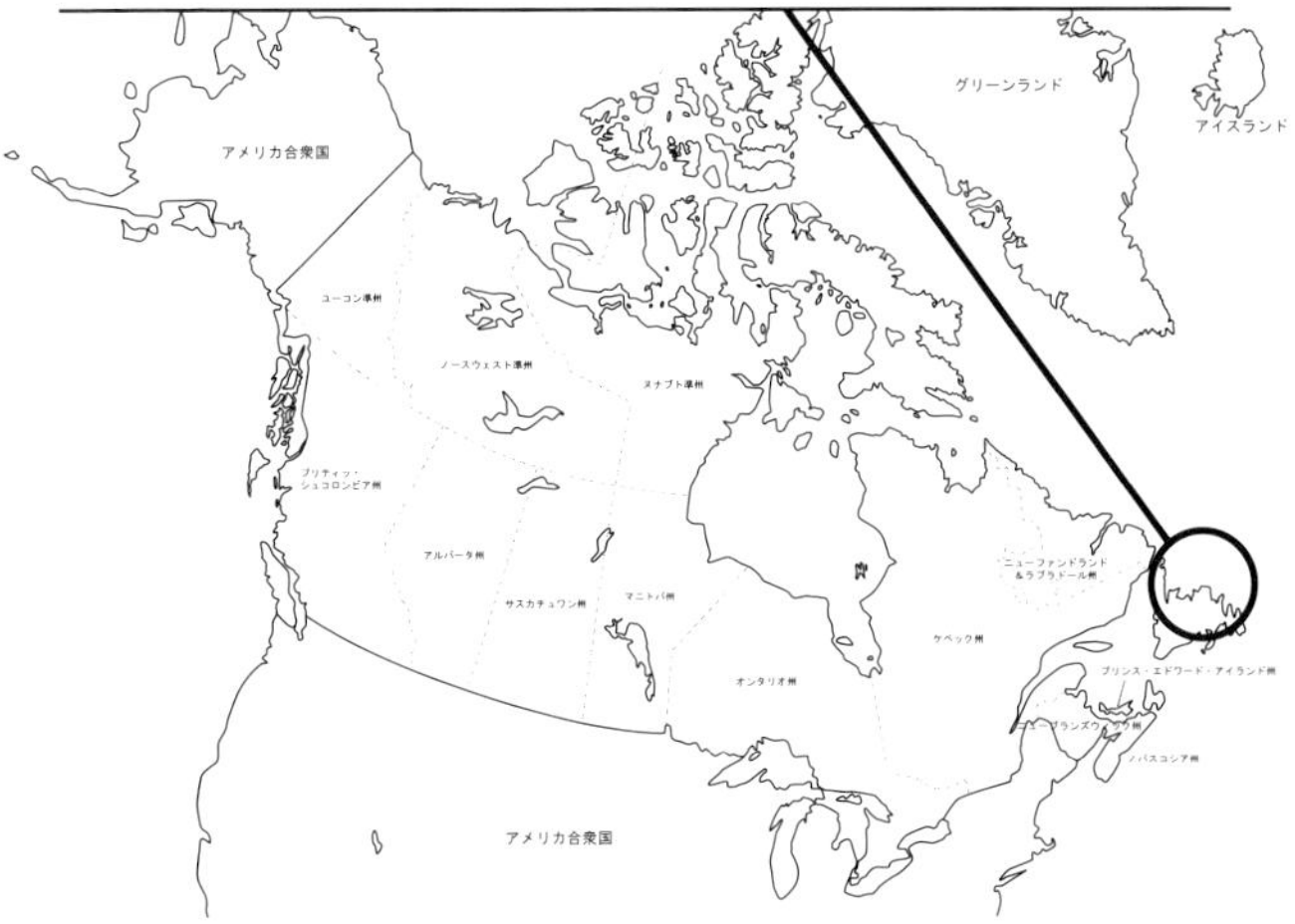

フォーゴ島

生活の糧だった唯一の産業が衰退し、
政府からも見捨てられた小さな島が、
世界中のセレブを集める魅力的な観光地に
生まれ変わるまでの軌跡。

最初に紹介するのは、カナダの東端、大西洋に面したニューファンドランド島の北東部に浮かぶ小さな島だ。名前はフォーゴ島という。面積は沖縄県の石垣島より少し大きいぐらい。地の果ての、さらにその先にあるような島だ。

どんな島なのかをイメージするのにぴったりのエピソードがある。この島にはもともと季節が17もあった。外部との交流がほとんどなかったため、何代か前まで島民は、外界にはたった四つしか季節がないことを知らなかったという。島に電気が通ったのが1960年代。電話は80年代。だから暮らしぶりは最近まで19世紀とほとんど同じだった。島には、急激な〝現代化〟に「50年足らずの間に3世紀を生きたようなものだ」というジョークすらある。

こんな観光地

カナダ最東端、地の果てにあるこの島には、観光スポットもなければ、カヌーやスキーのようなアクティビティーもない。あるのはむき出しの自然と、その土地に根差した住民の素朴な生活だけ。島で生まれ育った住民の案内で、島に受け継がれるありのままの自然や文化を体験するスタイルが評判を呼び、世界中からセレブが訪れるようになった。1泊16万円を超えるホテルの予約は数カ月先までいっぱいだ。

そんな最果ての島に、カナダのトルドー首相一家やハリウッド女優のグウィネス・パルトロウら、セレブや大物政治家が足を運ぶ。今、世界の富裕層の心をつかみ、ツーリズム界の注目を集めているのがフォーゴ島なのだ。

だが、ほんの20年前までこの島は「見捨てられた島」だった。

島民はおよそ400年間にわたって、コッド（Cod）と呼ばれるタラを獲ることを唯一の生業としてきた。なにしろここでは、タラ漁が下手な子供だけが学校に通うとさえ言われてきた。しかしタラの乱獲が進み、1960年代に外国の大型船が最後のタラを一網打尽にした結果、1968年にはタラは全く獲れなくなった。貧しい漁師たちは生きる糧を失った。政府は彼らに島からの退去を求め、多くの人が故郷をあとにした。そして1992年、政府はついに資源保護のためにタラ漁の禁止を宣言したのだ。フォーゴ島は政府からも島民からも「見捨てられた島」となった。だが、見捨てられはしたものの、島は死んではいなかったし、一部の漁師はあきらめてもいなかった。2000年代に入り、島は観光の力を使って劇的な復活を遂げるのだ。

「見捨てられた島」が復活する起爆剤となったのは、不思議な形をした高級ホテルだ。建設を主導したのは、かつて漁師だった父とともに島を去った一人の少女。首都オタワで学び、ビジネス界で成功を収めて島に戻ったジータ・コブという女性の奔走と、あきらめずに島に残って生きる道を模索してきた漁師たちの健気な営みを、観光の力が後押しした。最果ての島の高級ホテルが世界の富裕層や芸術家を惹きつけた。観光の力によって故郷を再生させた島の人たちは、ホテルのスタッフとして、案内人として、島の文化や歴史の語り部として、ホストとなりプレーヤーとなった。ホテルの収益はすべて島民に還元されている。

彼らは漁業も続けている。資源状況を踏まえて限定的に再開されたタラ漁は、外国の大型船とは違う昔ながらのサステナブル（持続可能）な漁法を徹底することで評価を高め、大都市の有名レストランに「フォーゴアイランド・フィッシュ」として高値で卸されている。

「見捨てられた島」フォーゴは今や、世界が注目するブランドだ。フォーゴ島の奇跡は、観光の力で消滅の危機にあるコミュニティーを生き返らせることが可能であること、そして辺境の小さなコミュニティーが世界全体とより良い関係を保ち、調和してあり続けられ

写真1　竹馬のような足で立つフォーゴアイランド・イン　© Bent Renè Synnevåg

ることを示しているのだ。

竹馬のようなホテル

地の果てとも思えるような岩の海岸に「フォーゴアイランド・イン」は立っている（写真1）。直線のみで描き出された建物とゴツゴツした岩はアンバランスそのものだ。その不自然さを補うかのように、ホテルから真下の岩場に向かって、長さの違う「足」がニョキニョキと伸びている。

フォーゴ島には昔から、凹凸のある海岸線でも建物の水平を保つことができる「スティルツ（stilts）」と呼ばれる工法が伝わっている。「竹馬」を意味するこの工法は、獲ったタラに塩をして干すための高床式の小屋に使われてきた。長さの違う柱を岩場におろして建物を支えるから、岩を削り取る必要もなく、自然へのダメージも小さい。自然と調和しつつ嵐や吹雪に耐えてきた漁師小屋の工法が、アーティスティックな高級ホテルに採用されたのだ。

ホテルは、「ローカル×グローバル」「伝統×モダン」など、対極のものがクロスするというコンセプトのもとに設計された。だからホテルの外観はクールだが、館内に一歩足を踏み入れると温かみのある内装や手作りの家具、ラグ、キルトのベッドカバーなどにあふれている。フォーゴアイランド・インの家具やクラフトはすべて、島の人たちの手によるオリジナルの作品だ。ここでは、この地域の伝統に深く浸りながらも、生き生きと

写真２　沿岸でのタラ漁で使われてきた「パント」　©Anja Sajovic

した今の島の生活に触れることができる。

何世紀もの間、外部との交流が希薄だったフォーゴ島の人たちは、常に手作りで生活に必要なものを生み出してきた。だから彼らは必然的に、手仕事やリサイクルの達人なのだ。島の住民や職人が、外部から参加した若手アーティストやデザイナーとコラボしながら、地元産の素材を使って家具などを作り上げた。客室のキルトやマットもすべて地元の主婦たちであるキルト作家や工芸家の手によるものだ。そのなかには「パント・チェア」という椅子もある。「パント」とは、島の沿岸でタラ漁などに使われてきた伝統ある小舟だ（写真2）。この船のデザインや技術がモダンな椅子に生かされている。

家具やクラフトはホテルで使うだけでなく、ショップでも販売し、売り上げを島のコミュニティーに還元する。こうした活動を通じて工芸家が育ち、伝統ある島のデザインや技術が次の世代に継承されていく。

私もフォーゴアイランド・インに宿泊し、北大西洋に沈む夕日の絶景を眺めながら、この居心地の良い、なんとも温かみのある空間で豊かな時を過ごしたことがある。しかし、私がまたここに泊まりたいと思う最大の理由は、「コミュニティーホスト・プログラム」があるからだ。

フォーゴアイランド・インに泊まると、ホテルは宿泊客の興味や関心に応じて、自分にぴったり合った島の案内人「コミュニティーホスト」と引き合わせてくれる。島の歴史を知りたいと言えば歴史に詳しい島民が、ハイキングがしたいと言えば島のトレイルに精通した島民が、写真を撮りたいと言えば島の風景や撮影ポイントを知り尽くした島民が案内してくれる。

地元のアーティストとのんびりスケッチを楽しむのもいい。山盛りのカニをロングテーブルで楽しむクラブディナーでは、地元のベテラン漁師が語り部となり、どんな質問にも快く答えてくれる。彼らは自分が生まれ育ったフォーゴ島に愛着を持ち、情熱をもって島の自然や自らの経験、祖父や曽祖父の話などを語ってくれる。沿岸でタラを獲り、ボートを作り、ベリーを摘み、岩山を登り、島中のトレイルを歩く彼らは、島を知り尽くしている。フォーゴ島についての豊かな知識を旅行者に伝えたいと、心から思っているのだ。

私を案内してくれたコミュニティーホストはファーガス・フォリーという60代の漁師だった（写真3）。彼とは今もメールを交わす間柄だ。最果てのフォーゴ島に友人がいるなんて本当に素晴らしい。ファーガスはタラを求めて大西洋を渡ったアイルランド系移民の7代目か8代目なのだそうだ。フォーゴ島で最も古いティルティングという漁師のコミュニティーで暮らしている。ここにもやはり、竹馬のような足を何本も伸ばした古い小さな漁師小屋がぽつり、ぽつりと立っていた（写真4）。

ファーガスは海沿いの丘陵地を歩いて自分が好きな風景を紹介しながら、地べたに実った野生のベリーを摘み、それを口に放り込みながらまた歩いた。ベリー摘みは島の人たちが昔からずっとやってきたことだ。数種類のベリーはそれぞれ味が違う。甘みの強いもの、酸っぱくてさっぱりしているもの、自然のエッセンスが凝縮されていてどれもおいしい。

写真３　ベリーを摘みながら歩くファーガス

写真４　フォーゴアイランド・インにその工法が取り入れられたタラをさばく小屋

ファーガスは、島の主婦たちのクラフトショップに私を連れていき、手作りのキルトやラグを見せてくれた。ある家では「あがってお茶を飲んでいきませんか?」と誘われた。家の外の物干しロープには、大きくてカラフルな洗いざらしのキルトが並び、海風にはためいている。なんともフォーゴ島らしい風景だ。

ティルティングにあるフォリー家の「シェッド」にお邪魔したときのことは忘れられない。シェッドとは本来納屋のことだが、ここではコミュニティーの人たちが集まる小屋を指す。ファーガスの兄弟や地元の人たちが集まり、ギターを弾き、アコーディオンを合わせ、ビールを飲みながらみんなと歌い、手を引かれて見よう見まねでステップダンスも踊った。

一息つくと、ファーガスの兄マーティンが立ち上がり、恋人を思う漁師の切ない歌を独唱してくれた。祖父が教えてくれたという昔の曲を、遠く日本から来たゲストのためにプレゼントしてくれたのだ。

その後、シェッドを出た私たちは、すぐそばの丘にある墓地まで歩いた。フォーゴ島最古の墓地には、入植当時からのアイルランド人が眠っている。ファーガスは言う。

「旅行者を迎え入れれば、自分たちは世界とつながることができます。島の外から来る人と触れ合うことで、フォーゴ島や自分たちのことがもっとよくわかるようになるのです」

フォーゴアイランド・インによるコミュニティーホスト・プログラムの責任者、サンドラ・カルもフォーゴ生まれ、フォーゴ育ちだ。開業時から勤めるベテランの彼女は島に精通していて、ありとあらゆるリクエストに応えてくれる。滞在中にかなり無理も言ったが、彼女から「ノー」という言葉を聞くことはなかった。お礼を言うとサンドラは落ち着いた笑顔で言った。

「全然無理ではありません。ある冬には、貸し切りで泊まった企業の方々が全員スノーモービルに乗りたいというので、40台のスノーモービルと40人のガイドを住民に頼んだこともあります。みんな予定を変更して駆けつけて、快くコミュニティーホストを務めてくれました」

島の人たちを知り尽くしたサンドラは、常に住民たちと連携しながら宿泊客に島の素晴らしさやホスピタリティーを体験してもらおうと心掛けている。そしてコミュニティーホストを務める島民は、心からフォーゴ島を誇りに思っている。自分たちや祖先が生きてきたストーリーを訪れた人たちに本当に伝えたいと思っている。

フォーゴアイランド・インから最も学ぶべきことは、コミュニティーホスト・プログラムが、観光客と島民とを結び付けてくれることだろう。このプログラムが観光客と島民の交流と、相互の共感をもたらしてくれるのだ。

心に火を付けた一本の映画

フォーゴアイランド・インのオールインクルーシブの宿泊料金は、一泊一室で約16万円

写真5　ジータ・コブ　©David Howells

から。これほど高額にもかかわらず、人口約2500人の島に、国内外から年間3000人もの富裕層がやって来る。目的はフォーゴアイランド・インに泊まり、島での時間を過ごすことだ。

ホテルの建設に尽力したのは、ジータ・コブという島出身の女性（写真5）。1975年、ほかの多くの島民と同様、漁師だった父とともに島を去った。彼女はまだ十代の少女だった。彼女の両親や兄は仕事を求めてトロントに向かい、彼女はオタワの大学でビジネスを学んだ。その後、ハイテク企業の経営に関わるなど大成功を収めたジータは2003年、二人の兄弟とともに慈善団体「ショアファスト財団」を設立し、故郷であるフォーゴ島の再生に取り組む。その核となったのが、フォーゴアイランド・インの建設だった。

10年後に開業したホテルの建設費用は4100万カナダドル（当時の為替レートで約41億円）。その75％をジータをはじめとした個人が寄付し、残る25％には連邦政府と州政府の助成金が充てられた。こう聞くと、島を離れた少女が都会で大成功を収め、その潤沢な資金を使って故郷の島の人たちを救った物語のように聞こえるかもしれない。しかし、フォーゴ島の奇跡を支えているのは、島にとどまり、島を守りたいと懸命に生きてきた漁師たちの健気な思いであり、いつか故郷の役に立ちたいと思い続けてきたジータの島への思いだ。ジータと島の漁師、双方が長い間、その思いを抱き続けてきた背景には、ある映画の存在がある。

1960年代後半、1本のドキュメンタリー映画がフォーゴ島で撮影された。「フォーゴ・プロセス」というその映画は、カナダ国立映画庁の「チャレンジ・フォー・チェンジ」というプログラムの一環として撮影された。

映画の力でコミュニティーの連帯や社会変革を促す取り組みだった。カナダ国立映画庁とニューファンドランド・アンド・ラブラドール州立メモリアル大学エクステンション・サービスがプロジェクトを主導し、当時、沿岸でのタラ漁の崩壊によって苦しんでいたフォーゴ島の集落一つ一つに光を当て、住民の声に耳を傾けたのだ。現場で指揮を執ったのは、映画監督のコリン・ロウとメモリアル大学エクステンション・センター長のドナルド・スノーデンの2人。

住民たちは生活の糧を失い、政府には島からの退去を迫られ、まさに崖っぷちに立たされていた。故郷で生き抜くためには、この危機を切り抜けなければならない。しかし、十の小さな集落が点々と散らばっているフォーゴ島では当時、集落間の交流も漁師全体の結束もほとんどなく、互いに孤立したままだった。出身地の違いやカトリックとプロテスタントという宗教の違いもあった。

コリン・ロウは撮影を通して人々に丁寧に問いかけ、彼らの言葉を聞き、対話に招き入れていった。島の人々はこの映画によって、それまで存在しなかった連帯を生み出すことになる。コリン・ロウは27の短編にフォーゴ島の人々の暮らしと住民の声を記録し、ドキュメンタリー映画シリーズに仕立てあげた。そして、島の住民たちにその映画を上映して見せたのだ。

疑心暗鬼だった島の人々は、カメラに映し出されたほかの集落の住民たちが、生活の不安や悩みを打ち明ける姿を見て、初めて自分たちと同じ問題や苦難に直面していることを知った。隣人の言葉が胸に響いた。そして島に残って生き抜くためには、集落同士の対話を始めなければならないと考えるようになった。

彼らは集落間での対話のために、「フォーゴ島改善委員会」という場を設けた。そこで彼らが抱える問題点が何かが浮き彫りになった。沿岸でのタラ漁だけを続けてきた彼らは、船と言えば小さなパントしか持っていなかった。フォーゴアイランド・インの「パント・チェア」という椅子にその技術が使われた、あのパントだ。しかし、これから島で生きていくためには、パントではなく、沖に出られる船を調達する必要があったのだ。

やがて彼らは、地元の漁師と加工場の労働者みんなで所有する組織「フォーゴ島生活協同組合」を設立し、協力して資金を集め、沖合漁業のための船を自分たちで造った。パントでの沿岸タラ漁を失い、政府にも見捨てられた漁師たちは、連帯することでカニやエビ、シシャモ、ヒラメを獲る沖合漁業への転換を成し遂げ、なんとか漁業で生き続ける道を開いた。ちなみに、こうしたカニやシシャモは日本にも輸出されている。

ドキュメンタリー映画「フォーゴ・プロセス」の短編には、島の子供たちを撮影した作品もある。手作りのたこを上げたり、竹馬に乗ったり、自分たちで作ったいかだに乗り込んだりして無邪気に遊ぶ子供たちの姿が記録されている。島の結婚式の様子を撮影した短編には、幼い少女だったジータも映っている。

タラが全く獲れなくなり、多くの人が島を離れ、ジータも家族とともに島を出る、その前に撮影されたものだ。彼女はずっとその「フォーゴ・プロセス」に力づけられ、勇気を与えられてきた。映画があったからこそ、いつか島に戻り、島を立て直したいと思い続けてきた。今も自分を元気づけたい日には、家に帰ってこの映画を見る。

「この映画が、すべてを変えた」とジータは言う。ジータと漁師たちの心に「フォーゴ・プロセス」が火を灯し、40年後の大逆転劇を生んだのだ。

チャリティーは続かない

ジータが幼い頃、家には水道も電気もなく、両親は読み書きもできなかったが、家族は幸せな生活を送っていた。しかし、彼女が10歳のとき、タラが全く獲れなくなった。漁師だった父は、島の自然や社会の摂理は知っていたが、市場経済の仕組みは知らなかった。島の漁師たちは、タラを必要なものと交換して生活していたからだ。父は、外国の大型船がやって来て、昼夜を問わずに休みなく魚を獲り続ける理由が理解できなかった。そして、タラは獲り尽くされた。父はジータに、ビジネスを学ぶよう言い聞かせたという。

「仕組みを理解しないと、我々が愛するものがみな食い尽くされてしまう」

10歳の少女には大きすぎる教訓だった。やがて島を出てオタワに移ったジータは、カールトン大学でビジネスとファイナンスを学ぶ。彼女の関心は一貫して、400年も続いてきたフォーゴ島の暮らしやタラ漁がなぜ急激に破綻したのか、自分たちにいったい何が起こったのかに向き続けた。

「ビジネススクールで学んだことは、すべてカリフラワーで説明できる」とジータは言う。カリフラワーが一つの星だとすれば、一つ一つの花はそれぞれのコミュニティー。そのなかにフォーゴ島という小さな花があり、ニューヨークのような大きな花もある。そのすべての花に、一つの茎が養分を運んでいるというのだ。

「1968年にフォーゴ島に起こったのは、小さな花に栄養が届かずに枯れてしまったということ。ビジネスやルール、流通のシステムが利己的で間違っていたから茎が機能しなかった。一つ一つの花こそ私たちの生きるコミュニティー。だからすべての花に必要な養分を行き渡らせるようシステムを最適化しなければならない」

そしてハイテク企業で大成功を収めた彼女は約40年後、ついにフォーゴ島に戻って観光の力で「リベンジ」に挑むことになる。2003年、ジータは二人の兄弟とともに慈善団体「ショアファスト財団」を設立した。フォーゴ島と隣のチェンジ諸島、そして世界中のへき地にある同じような小さなコミュニティーの経済的復興を助けることを財団の目的に掲げた。

「島の人は誰もチャリティーを望んではいないし、チャリティーは永遠に持続するものでもない。ビジネスを活用して収益を上げ、島の再生を助ける社会的事業を目指した」とジータ。財団が主導する新しい海洋保全のプログラムは「ニュー・オーシャン・エシック」と呼ばれている。その取り組みの一つが「コッド・ポッティング」。島が400年間、生活の糧としてきたCod＝タラ漁の改革だ。

島で行われていた昔ながらのタラ漁は、沿岸でパントから針を付けた糸を海中にたらし、上下させてタラに食いつかせるジギングという一本釣りだ。それに対してコッド・ポッティングは、沿岸の海中にわなを仕掛ける漁法である。

網でタラを根こそぎにする漁とは違い、コッド・ポッティングは海底への影響も最小限に抑えられ、ほかの魚にダメージを与えることなく、ジギングと同様に将来世代にわたって続けられるサステナブルなタラ漁だ。海中でタラを生かしたまま捕らえられるので、最高の品質のまま卸すことが可能だ。財団はジギングとコッド・ポッティングの両方を支援し、島の基盤である持続可能な漁業を守っている。

フォーゴアイランド・インの宿泊客はもちろん、フォーゴ島に来る観光客にも、このタラは好評だ。サステナブルな漁法で獲られた新鮮で高品質の地元産の魚には、観光客も相応の料金を支払う価値があると考えるのだ。

価値を高めて少なく獲ることが、海にとっても島の経済にとっても賢いやり方だ。カナダの大都市の高級レストランでは、「フォーゴアイランド・フィッシュ」のブランドで卸されたタラが人気で、最高のクオリティーゆえに価格はほかのタラの2・5倍だという。フォーゴ島の漁師たちが昔ながらの環境に優しい漁法で獲ったタラが、カナダのグルメたちを席巻している。

財団はまた、何世紀もの間この土地の暮らしを支えてきたパントづくりの技術を継承することにも取り組んでいる。沿岸のタラ漁ができなくなってから木製のパントは使われなくなり、作れる職人も少なくなってしまった。しかしパントづくりの技術には、荒々しい海に生きる漁師たちの知恵や工夫が詰まっている。財団は残っているパントを買い上げて保存するとともに、学生にその技術を教える活動を展開している。毎年7月にはフォーゴ島でパントレース大会も開かれている。

このほかにも財団は、フォーゴ島とチェンジ諸島の小規模事業者への少額融資や様々な学究的研修プログラム、建物遺産の保存などの活動を行っているが、実は財団が最初に立ち上げたのは、アーティストを支援する「フォーゴアイランド・アーツ」というプログラムだった。

島の絶景スポット4カ所にアーティスティックでおしゃれなスタジオを建設した。そこに世界各地からプロのアーティストを招き、島に数週間から数カ月の間滞在しながら創作活動をしてもらうという取り組みだ。成果は、フォーゴアイランド・イン内のアートギャラリーで行われる講演会や展覧会などで発表され、書籍として出版もしている。

「アートは人生への問いかけであり、自らの本質に立ち返り、世界とのつながりを見直すために必要なもの。アートによって想像力が生まれ、領域を超えた可能性を探求することができます」とジータ。タラ漁が破綻したとき、島が映画の力で連帯した経験から、ジータは映画やアートの力を強く信じてきた。

だからフォーゴアイランド・インには、カナダ国立映画庁の島への貢献に敬意を表し、シアターが設置された。客室数たった29のホテルにある本格的なシアター。それは島の歴史においても初めての映画館となった。島の人々は、映画や芸術が自分たちのストーリーを伝える媒体となり、連帯を強め、伝統や知恵、文化を保持するためのきっかけとなってくれたことを決して忘れてはいないのだ。そして今、アートは観光と一体となり、フォーゴ島と世界の対話を促す役割も果たしている。

ホテルの「経済成分表」

フォーゴアイランド・インには、「エコノミック・ニュートリション」というプログラムが導入されている。日本語に訳すと「経済成分表」といったところだ。食品や飲み物のパッケージには、カロリーやカルシウムといった栄養成分が表示されている。消費者が必要とする情報を提供し、納得いく選択ができるようにするのが目的だろう。

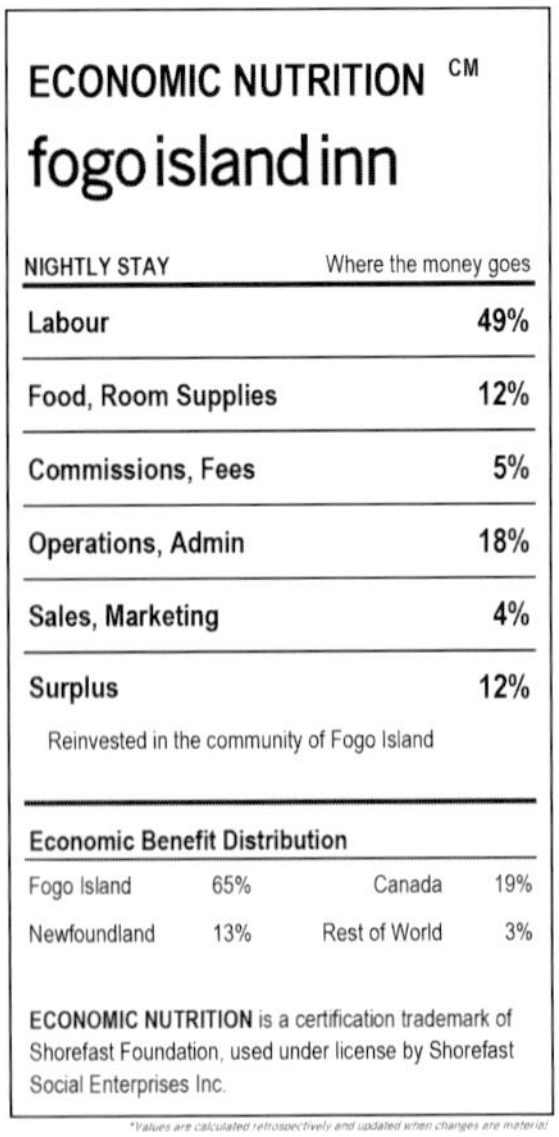

ECONOMIC NUTRITION CM
fogo island inn

NIGHTLY STAY	Where the money goes
Labour	49%
Food, Room Supplies	12%
Commissions, Fees	5%
Operations, Admin	18%
Sales, Marketing	4%
Surplus Reinvested in the community of Fogo Island	12%

Economic Benefit Distribution

Fogo Island	65%	Canada	19%
Newfoundland	13%	Rest of World	3%

ECONOMIC NUTRITION is a certification trademark of Shorefast Foundation, used under license by Shorefast Social Enterprises Inc.

*Values are calculated retrospectively and updated when changes are material

写真6　フォーゴ・アイランド・インの経済成分表

この栄養成分表のようにフォーゴアイランド・インでは宿泊料、家具やクラフトなどの料金にどのようなコストが含まれており、売り上げはどのように使われるのかを明らかにする「経済成分表」が表示されている（写真6）。

何かを購入するとき、地球環境や社会に貢献する企業の商品やサービスを選びたいと考える消費者は多いと思うが、自分のお金が何に使われるかの情報を簡単に知ることはできない。フォーゴアイランド・インの「経済成分表」は、顧客が支払うお金がどう使われ、どう地元のコミュニティーやグローバル経済にインパクトを与えるのかを伝えるデータを表示しているのだ。

フォーゴアイランド・インはオープンから3年で黒字に転じ、4年目からは利益が出るようになった。その利益はホテルの運営資金のほかに、島の家具作りやタラ漁の事業をはじめ、小規模事業主への貸付、海の環境保全など前述した財団のプログラムにすべて再投資される。フォーゴ島の全世帯の3分の1が財団の事業によって雇用されている。島を離れ、都市に出ていった住民も戻ってくるようになった。観光によって得られた資金が島全体に行き渡り、島の暮らしを幸せなものにしていく。

漁師たちが生き残るために設立した生協は、現在も魚の加工場を所有し、島の主力産業である漁業を担っている。実はこの「みんなで共有する」という考え方こそ、財団やフォーゴアイランド・インの運営方式のモデルになっているのだ。だからジータは「ビジネスはすべて地元が所有する、コミュニティーのためのもの」と言うのだ。

フォーゴアイランド・インでの手法やそのプロセスは、世界中の地域が参考にできるだろう。もちろん、ジータという成功者の寄付はフォーゴ島にとって重要なファクターだったが、資金であればクラウドファンディングや政府・自治体からの支援など様々な手法がある。また、復活の起爆剤は必ずしも高級ホテルである必要もない。

衰退したコミュニティーを再生させようと力を尽くすリーダーは、どの地域にもいるだろう。地元を知り尽くした住民の知識や伝統と、地域にほれ込んで住み着いた移住者など外部からのフレッシュな視点や技能を掛け合わせ、新しい命を吹き込むことができる。そして何より重要なのは、本当に大切で守らなくてはいけないものは何か、じっくり考えることだ。

「大切なのは自然と文化。ビジネスとテクノロジーはそれに仕える、役に立つ偉大なるツールです」とジータ。私たちは既に偉大なるツールを手にしている。ビジネスやテクノロジーを、自然や文化という主人に仕える使用人として活用することが求められている。決して主従を逆にしてはならない。地域のための、人間性中心のグローバリゼーションが必要なのだ。

「社会的事業はそれを実践する手段です。そして、決意さえすれば、すべてのビジネスは明日からでも社会的事業として経営することができる。優先順位を変えれば、今すぐにでも変われるのです」

２０２１年５月、カナダのビジネス界の殿堂入りを祝うセレモニーでのスピーチで、ジータは島の住民にこう語りかけた。
「フォーゴ島の人たちが何世紀にもわたって困難に打ち勝ち、この土地を持続可能なものとして受け継いでいることに心から感謝したいと思います。ふるさとの土地は、私たちに与えられた最も大切なギフトだからです」
さて、私はこの章の冒頭で、フォーゴ島には17の季節があったことを紹介した。本土と行き来するようになって初めて「四季」というコンセプトを聞いた昔の島民は、あまりの少なさに当惑したという。そしてフォーゴアイランド・インに観光客を迎えるにあたり、島では17を10も減らし、季節を七つにする決断をした。風や天候によって分けられた季節は、島外で使われる「四季」を含め次の七つだ。

冬（Winter）　12月1日から2月28日まで。小屋の中でわいわいやったり春に備えて道具を繕ったりする雪深い冬。

流氷（Pack Ice）　3月1日から31日まで。すべての海岸が流氷に覆われる。

春（Spring）　4月1日から5月31日まで。ボートで沖合に出られるようになり、エビやカニ漁がはじまる。水平線には氷山が現れる。

タラ漁のわな（Trap Berth）　6月1日から30日まで。タラ漁のわなを仕掛ける。

夏（Summer）　7月1日から8月31日まで。暖かく、野生の花々に覆われる。

ベリー（Berry）　9月1日から10月31日まで。住民も訪問者もみんなが日の出から日没まで丘の上でベリー摘みをする。

晩秋（Late Fall）　11月1日から30日まで。地平線に初霜が降り、荒々しい波が岩の海岸に砕ける。冬に備え、ベリージャムや保存食を作り、薪の準備をする。

グローバリゼーションの名のもとに、何もかもを世界に合わせる必要はない。フォーゴはフォーゴなのだ。七つの季節はそんなことを表しているような気がしてならない。

第2章

バンフ

Banff

世界的リゾートを生んだ、究極の選択

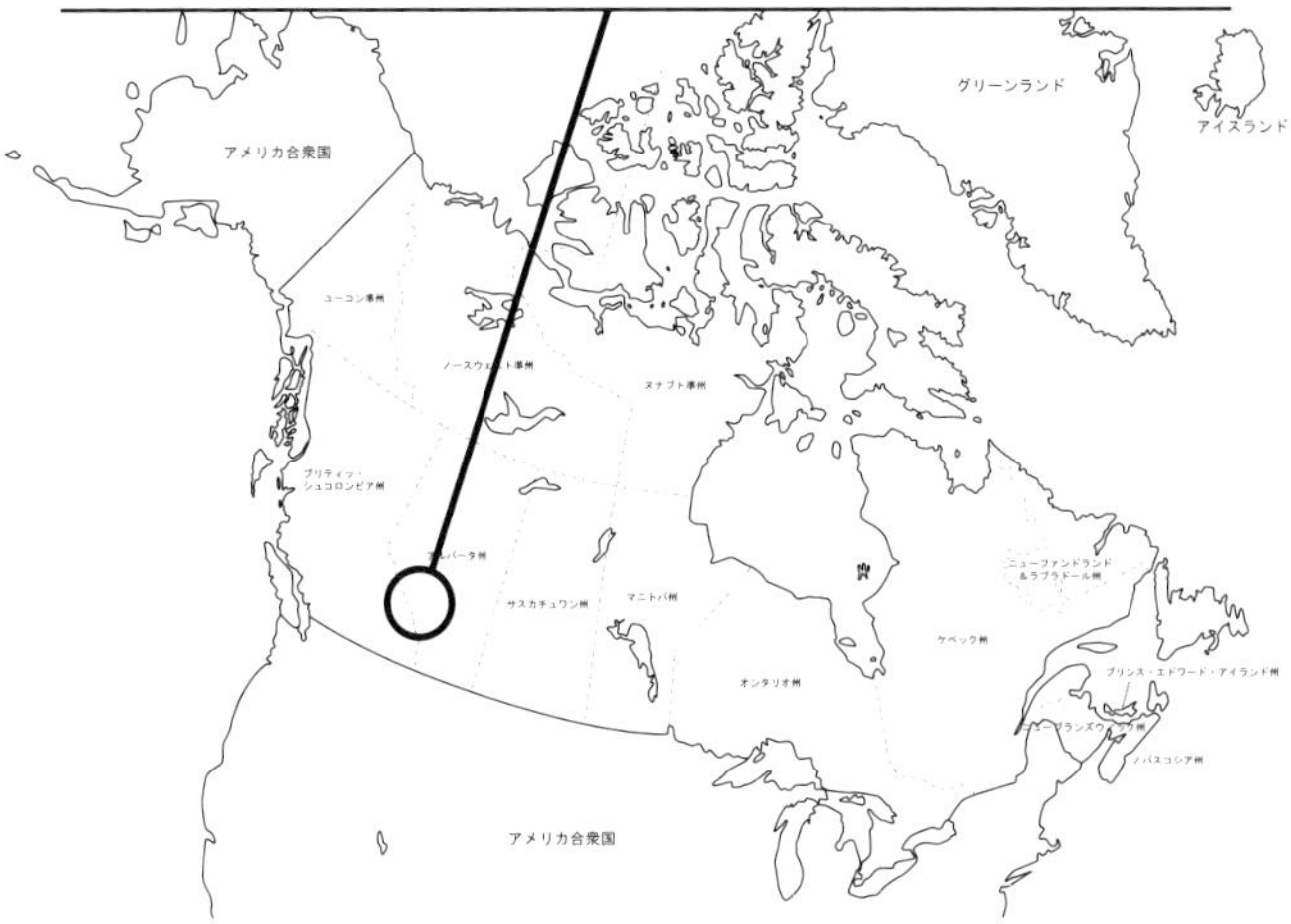

バンフ

保護か、開発か。
正解のない対立する課題を前に、
何度も失敗しながら住民同士で議論を重ねてやり直し、
持続可能な観光を目指し続ける国立公園の試み。

カナディアン・ロッキー観光の拠点として世界中に知られる街、バンフ。もともとは大陸横断鉄道の建設に当たって偶然、線路が通過しただけの名もなき土地にすぎなかった。それが温泉の発見による観光開発のため、ロッキー山中の一地点はある日、「バンフ」となった。だから生まれた瞬間からバンフは観光地であり、その時から開発と自然保護の両立という宿命を背負ってきた。

より多く集客するためには、ホテルや道路の建設といった開発は不可欠だ。開発を進めれば、ロッキーの自然や生態系は破壊されていく。雄大な自然や野生動物との触れ合いを満喫するための観光地が自然を食い潰すという、世界中で見られる構造的な矛盾。この解決のため、バンフは100年にもわたって試行錯誤を繰り返してきた。そして今、バンフ

こんな観光地

誰もが一度は訪れたいと思うカナディアン・ロッキー。ユネスコの自然遺産にも登録される国立公園の観光拠点バンフは、圧倒的な知名度にもかかわらず、意外なほど落ち着いた雰囲気に包まれている。高い建物やけばけばしい看板もない。住民も暮らす街は歩いて回れるサイズ。居心地が良く開放感にあふれるこの街から、雄大なロッキーの山々、緑の森、ターコイズブルーの湖へと観光客は出かけてゆく。

は見事に自然と観光の調和を実現し、誰もが一度は行ってみたいと願う世界有数の山岳リゾートになった。成功のカギは、住民自身が「もう開発はしない」と決めたこと、そしてその決意を守り続ける勇気だった。

バンフの街に足を踏み入れてみよう。この街が自然保護と観光を両立していることが実感できるはずだ。年間400万人以上が訪れる世界的なリゾート地でありながら、アットホームで落ち着いた雰囲気が漂っている。半日あれば歩いて回れるくらいの小さな街なのだ（写真1）。

バンフの街が大きくなることはない。人口の上限は8000人が目安。面積は約4平方キロとし、それ以上広げることを法律で禁じている。開発の誘惑に負けないよう自らの手足を縛っているのだ。

居住人口を増やさないため、バンフで暮

写真１　雄大なロッキーの自然に包まれたバンフ　©Paul Zizka

らせるのはバンフで働いている人に限定されている。ほかにはフルタイムの学生か、バンフで5年以上働いてからリタイアした人だけ。だからどんなにお金を持っていても「よそ者」が別荘を持つことはできない。バンフで暮らしたいなら、世界的セレブであっても自ら額に汗して働かなければならない。バンフの暮らしはお金では買えないのだ。

バンフではホテルの増築が禁じられている。仮にホテルの敷地に余裕があっても、できるのはホテルを大きくしない改築のみ。ゴルフ場ではカナダグースがくつろぎ、シカがゆっくりコースを横切っていく。芝などの管理にほとんど農薬を使わないので、動物たちはゴルフ場を避けたりしない。「バンフ国立公園」の中を貫く4車線のトランス・カナダ・ハイウェイには、横断する野生動物が事故に遭わないよう、動物専用の橋「アニマル・オーバー・パス」が設置されている。

自然と調和し、自然を大切にする住民が暮らす美しいコミュニティーには、カナダ人はもちろん、世界中から多くの観光客が訪れる。

そのバンフが今また、新たな課題に直面している。交通渋滞や観光スポットでの行列、ホテルを増やせないことによる宿泊費の高騰といった問題だ。それでもバンフはやはり、開発という選択はしない。これ以上、開発しないという勇気を持って、公共交通機関の整備や宿泊地の分散、観光の通年化などによって課題を解決しようとしている。

バンフがやっていること、やってきたことは、100年先も200年先も変わらずに観光の恩恵が受けられる、サステナブル（持続可能）なツーリズムそのものだ。140年近くにわたって不動の人気を保ち、魅力的であり続ける観光地バンフ。失敗から学び、真摯《しんし》にやり直し、経験を積んできたサステナブル・ツーリズムのパイオニアであるバンフの取り組みを紹介しよう。

失敗とやり直しの100年

1885年、カナダ最初の国立公園として誕生したバンフ国立公園は、ユネスコの世界自然遺産にも指定され、カナダに48ある国立公園のなかで最も人気が高い。カナダ国民自身が一生に一度は行きたいと思っている憧れの観光地だ。

　バンフのポスターは世界中の旅行会社のウィンドーを飾り、まさにカナダのアイコンだ。2018年にバンフを訪れた観光客は400万人を超え、28億カナダドル（約2464億円）もの観光収入をもたらしている。

　のちに「バンフ」となるロッキー山中の地に線路を建設したカナダ太平洋鉄道（CPR）は1888年、ここにスコットランド風のお城のような滞在型ホテル、バンフ・スプリングス・ホテルを開業し、観光客を呼び込むために大々的な宣伝を打った（写真2）。そしてヨーロッパを中心に、たくさんの貴族がカナデ

写真2　お城のようなバンフ・スプリングス・ホテル　© Fairmont Resort Hotels

ィアン・ロッキーを訪れるようになっていった。

貴族たちがカナディアン・ロッキー観光に求めたのは、美しい自然の風景を鑑賞し、登山や散策、ピクニックなどの野外活動を楽しみ、野生動物と触れ合うことだった。だからバンフ国立公園は「プレデター・コントロール」という施策を実行することにした。

プレデターとは、自然界の食物連鎖の上位にいる捕食動物のこと。カナディアン・ロッキーではクマやオオカミを指す。人間を襲うなどのトラブルを起こし、立派な角をもつエルクやビッグホーンシープなどを食べるプレデターは害獣と見なされ、駆除の対象とされた。それによって草食動物たちは守られたが、天敵がいなくなったエルクなどが草を食み、ロッキーの植生には大きな被害が出るようになっていった。クマやオオカミを殺したことで、生態系のバランスが崩れてしまったのだ。

1911年、カナダ全体の国立公園の管理を統括する政府組織の初代長官に就任したジェームズ・ハーキンは、25年間にわたる在任中、ロッキーなどで実施されるプレデター・コントロールを見続けながら、次第に自然保護思想を深めていった。彼は、こんな言葉を残している。「自然は神聖な調和の法則に従って、この景観を作り出した。調和を損なうことは、モナリザにかみそりで切り傷をつけるのと同様、神を冒涜《ぼうとく》する行為である」

ハーキンの発想は、まず目に見える自然の姿、つまり景観を守ることにあり、その次に野生動物を保護すべきだという考えだった。だからハーキンはまず、「カナダの国立公園は景観をビジネスにする」と宣言した。次に、野生のままの動物こそに価値があると考え、害獣として殺されてきたクマやオオカミの狩猟も禁止した。

1930年、ハーキンは自然保護を開発に優先させる「国立公園法」を成立させる。これによりプレデター・コントロールは正式に廃止された。現在では国立公園内でのハンティングそのものが禁止されている。ハーキンが実現させた国立公園法には、彼の自然保護思想を表す一文が記されている。「変わることなく未来の世代に（Unimpaired for the enjoying of future generation）」

ただし、変わらないように守るべきものとしてまず優先されたのが、生態系ではなく「景観」だったことから、バンフはまたしても失敗を犯す。雷などの自然発火によって山火事が起こると、バンフ国立公園は美しい森を守るために消火に尽力した。すると驚くことに、森からシカなどの動物たちの姿が消えてしまったのだ。

山火事によって時々森が燃えることにより、太陽の光が地面まで届くようになる。すると草食動物の餌となる植物がたくさん生えてくる。しかし、人間が山火事を消せば餌が失われ、草食動物はほかの土地へと移動せざるを得ない。そのことに人々は気づいていなかった。

実は、大昔からロッキーの山々で生きてきた先住民は、この自然の摂理を知っていた。彼らは、食料となるシカなどの動物が減ってきたと感じると、わざと山火事を起こしていた。祖先からの言い伝えと経験を通じ、山火事が起こったあとはシカなどの獲物が増えることを知っていたのだ。あるいは山火事は、松くい虫などの害虫を焼き払い、森に病気が蔓延《まんえん》するのを防ぎ、森を健康にする役割も担っていた。

1970年代、生態系についての科学的データと研究が進み、必要なインフラを守るなどの場合を除いて、山火事を消すことは中止された。それどころか1983年以降は、カナダの国立公園を管理する政府機関「パークス・カナダ」によって、管理された山火事を人為的に起こす施策までが導入されるようになった。

今は生態系の保全が最優先されるバンフだが、およそ140年にわたる国立公園としての歴史において、最初の100年間はむしろ観光開発が優先されていた。それはバンフが観光のために作られた街だったからだ。そしてバンフ観光は地域経済を支えてきただけでなく、世界中から人を呼び寄せ、カナダ経済全体にも多大な貢献をしてきた。

だから観光のためにクマやオオカミを駆除し、良かれと思って山火事も消した。しかしそれも、生態系のサイクルに反した現代人の浅はかな行為だった。プレデターたる肉食獣も山火事も、カナディアン・ロッキーには不可欠なものだったのだ。

「保護区」の動機は経済的利益だった

1883年、カナダを東から西まで1本の線路で結ぶ大陸横断鉄道の建設に雇われていた3人の作業員が、休みの日に、金鉱脈でもないものかとカナディアン・ロッキーの山中を歩き回り、偶然、地面から噴き出す湯気（温泉）を発見した。これがバンフの始まりだ。

この温泉の発見こそがカナダの国立公園の発祥であり、現在はケイブ&ベイスン国定史跡として一般に公開されている。

3人の作業員は、見つけた温泉で一儲けしようとたくらんだものの、土地の開発を巡って争いが起こったため、当時のカナダ首相ジョン・A・マクドナルドが1885年、サルファー山の斜面をとりまく周辺の26平方キロを保護区に指定することにした。これが後に、カナダ最初の国立公園であるバンフ国立公園となる。

マクドナルド首相の取った措置により、温泉は国民の財産であるというルールが確立し、民間取引は禁止された。ただし、ロッキー山中に設定された保護区には、自然を保護するという概念はなかった。保護しようとしたのは温泉が生み出してくれる経済的な利益だった。

マクドナルド首相率いるカナダ政府が目論んだのは、大陸横断鉄道の建設を政府から受注したカナダ太平洋鉄道(CPR)とともに、この温泉地をリゾート地として売り出し、経済的利益を生み出すことだった。温泉リゾートの建設地となったロッキー山中の土地は、「バンフ」と名付けられた。CPRの社長ら幹部の生まれ故郷、スコットランドの「バンフシャー」がその由来だ。

温泉発見から3年後の1886年には、観光促進やサービスの拠点として町の建設やピクニックエリアの設置、温泉を利用しやすくするための道路建設などが進められた。トンネルが建設されるとバンフの温泉へのアクセスはさらに向上。鉄道駅からの交通手段は馬車からバスやタクシーに代わり、小さなキャビンは大型のホテルに変わっていった。

写真３　モレーン・レイクの絶景　© Chris Amat / Pursuit Banff Jasper Collection

　１８８７年、保護区は26平方キロから６６７３平方キロにまで拡大され、国立公園の思想が加えられて「ロッキーマウンテン・パーク」と改名された。そのなかにはロッキーの自然を守っていこうとする条項が織り込まれてはいたが、基本的な発想は「国民が遊べる公園」という考え方にとどまっていた。

　１８８８年には、バンフのランドマークとも言えるバンフ・スプリングス・ホテルがオープン。２５０室を持つお城のようなホテルの建設を指揮したのは、その剛腕から「鉄路の皇帝」の異名を持ち、大陸横断鉄道建設を主導させるためＣＰＲがアメリカから招へいしたウィリアム・コーネリアス・ヴァン・ホーンだった。ＣＰＲは山歩きをする旅行者をガイドするため、山岳観光の先進地であるスイスからガイドを呼び寄せた。1900年頃には、オンタリオ出身のブリュースター兄弟がバンフのアウトドア・ガイドとして名を馳せるなど、観光業は発展を続けていった。

客の増加に伴い温泉浴場は建て直され、キャンプ場にはテントだけではなく、トレイラーパークまで整備されるようになった。スキーをはじめ冬のスポーツやレジャーにも利用されるようになり、ますます観光地としてのにぎわいを増していった（写真３）。

初めは一部の上流階級や登山家がバンフを訪れていたが、やがて、より多くの人が公園を楽しむようになっていく。ロッキー山中に巨大ホテルの建設を決断したとき、鉄路の皇帝ヴァン・ホーンはこう言ったという。

「この絶景を輸出できないのなら、観光客を輸入しなければならない」

カナダ政府や鉄道会社が、バンフで何を保護しようとしていたのかは、この言葉一つを取っても明白だ。なにも自然の破壊を目指したわけではない。彼らが守ろうとしたものが自然ではなく、経済的利益だっただけだ

年間１００頭の野生動物が死んだ

１９５０年代になると、人々の移動手段は鉄道から自動車へと急速に変化していった。カナダでも、大西洋から太平洋までを結ぶ国道1号線、トランス・カナダ・ハイウェイが

建設されることになる。ロシアに次ぐ世界第2位、日本の27倍もある広い国土を東西につなぐハイウェイがカナディアン・ロッキーを通過するにあたり、大陸横断鉄道とほぼ同じルートが採用された。3000メートル級の山々を貫けるルートはやはり限られている、ということだろう。

しかし1962年にこのハイウェイがオープンすると、カナディアン・ロッキーでは大きな問題が発生する。動物の交通事故だ。ハイウェイを横断する途中で車にはねられ命を落とす動物が毎年100頭近くに上るようになった。鉄道と違い、かなりの頻度で車が行き交うハイウェイを横切ることは、野生動物にとって文字通り、命がけの行動だった。

まず対策として、ハイウェイに沿って82キロにも及ぶフェンスが設置された。高い柵ができたことで動物が犠牲になる交通事故は確かに減ったが、今度は別の問題が浮上する。動物が道路を横切ってロッキー山中を行き来できなくなり、生態系が分断されてしまったのだ。特に、食物連鎖の頂点に立つクマやオオカミに与える影響は大きかった。

かつて害獣として駆除されたことで生態系のバランスが崩れたように、クマやオオカミが自由に行き来できなくなることで生息域に偏りが出てしまい、やはり生態系には悪影響を与えることになった。

そこで導入されたのが、ハイウェイの下を通る動物の地下道「アニマル・アンダー・パス」だった。国立公園内に設置されたこの地下道には砂がまかれていて、パークス・カナダの職員が2日に一度、砂に付けられた足跡を確認してどんな動物が通っているかを把握するようにした。

しかしわかったのは、クマやオオカミといった警戒心の強い動物はアニマル・アンダー・パスをあまり利用していないという残念な現実だった。このため、1996年にはハイウェイの上に架かる動物専用の橋、アニマル・オーバー・パスが2カ所、建設された。最初の夏、クマは一頭もこの橋を通らなかった。クマが橋を見つけなかったのか、あるいは橋を警戒していたのだろうか。2シーズン目もクマが橋を渡ることはなかった。市民からは国立公園に対し、計画時のアセスメントが足りなかったのではないかという批判の声があがり始める。なにしろこの橋にはそれぞれ150万カナダドル、日本円にして1億3000万円以上の建設費用を費やしていたのだ。そして迎えた3シーズン目。ようやくクマが橋を渡ったことが確認された。バンフの新聞はこの出来事を一面トップの記事として紹介した。

カナダの人々は、生態系を守るべき国立公園のど真ん中にハイウェイを通すという間違いを犯してしまった。しかし、その間違いを正すために地下道や橋を建設し、クマが橋を渡ったときには新聞が一面で扱うほど人々は喜んだ。アニマル・オーバー・パスは、現在までにバンフ国立公園内に6カ所設置されている（写真4）。アニマル・アンダー・パスは38カ所に設置されている。オーバー・パスとアンダー・パスにより、野生動物と車の衝突事故を8割以上も減らすことができた。

そもそも国立公園は、人間が自然を楽しむ場所だ。しかし古い国立公園ほど自然破壊が進んでいるという皮肉な現実を私たちは世界各地で見ることができる。自然を楽しみ、活用しながら共存するにはどうしたらいいのだろうか。今ある自然を次の世代にもしっかり残していくため、バンフ国立公園は試行錯誤を繰り返しながら生態系の保全に向き合ってきた。

ここで、バンフで発見された小さなカタツムリの存在を伝えておきたい。あの3人の鉄道作業員がバンフで最初に発見した温泉に今、入ることができるのは、バンフ・スプリングス・スネイルと名付けられたトウモロコシの粒より小さなカタツムリだけだ。現在、人間がこの温泉に入ることは禁じられている。

バンフ・スプリングス・スネイルは、ここのお湯でしか生息できない固有種であり、絶滅危惧種でもある。バンフの人々はカタツムリを守るため、入浴はもちろん、人間がお湯に手をつけることすら禁止した。

バンフ最初の温泉はケ

写真4　アニマル・オーバー・パス　© Paul Zizka

写真５　バンフで最初に発見された温泉はケイプ＆ベイスン国定史跡となっている

イブ＆ベイスン国定史跡となり、温泉保護区から始まって発展してきたカナダの国立公園システムや、自然保護と観光の歩みを展示や映像で伝えている。同時に、ここにしかいない小さなカタツムリを守り続けるための施設ともなっている（写真５）。

ケイプ＆ベイスン国定史跡でパークス・カナダのチームリーダーを務めるアマル・アトワルはこう語る。

「すべての動物がバンフの生態系を作っています。たとえ小さなカタツムリが損なわれても、バンフの生態系全体が崩れてしまうのです。生き物はすべてつながり、影響し合っていて、そのすべてを保護することが生態系保全です。そのことを私たちは時間をかけて学んできたのです」

バンフではかつて、建物や道路の建設

のために無秩序に木が伐採されていたが、今は環境への影響を徹底的に調査した上で伐採が行われる。かつては当たり前のようにクマやオオカミを悪者として駆除した。しかし今は、食物連鎖の頂点にいるクマやオオカミから、トウモロコシの粒より小さなカタツムリまで、すべての生き物を分け隔てなく保護している。

バンフは過去の失敗から多くを学んだ。そして驚くほどの生真面目さで、観光と自然の調和という理想を追い求めている。

対立する「保護」と「開発」

140年ほどのバンフの歴史の中で、生態系保全が最優先されるようになったのは、ここ30~40年のことにすぎない。

初めのころは、良かれと思ってクマやオオカミを駆除し、山火事を消した。ロッキー山中にハイウェイを建設することもした。そんなバンフは今、温泉の中でしか生きられない小さなカタツムリまで守るようになっている。ここまでは、人間が犯した過ちは目に見えるし、失敗を実感できるものだった。しかしその後、問題はより複雑になった。自然や生態系と観光開発のバランスをどう保ち、どこに線を引くか。つまり観光事業者と環境保全に関心を持つ人々、人間と人間の対立へと変わっていったのだ。

１９６０年代、一般市民の間で環境問題への関心が高まり、バンフ国立公園のあり方についても活発に意見が寄せられるようになっていた。様々な事業計画案の公聴会に何百人もの市民が参加するようになった。

こうしたなか、夏だけしか営業していなかったバンフ・スプリングス・ホテルが冬期も営業するようになり、バンフは通年の観光地となっていく。１９７０年代以降、日本からも多くのスキー客が冬のバンフを訪れるようになった。

その頃、バンフの近く、「カナディアン・ロッキーの宝石」とも呼ばれるレイクルイーズ近くにあるスキー場の拡張案にも、市民たちは環境破壊につながりかねないとして懸念を強めていた。

実はこのレイクルイーズ、１９７２年に日本の札幌で開催された冬季オリンピックの開催地として手を挙げていた時期がある。この立候補をきっかけに、国立公園にとってどのような開発が適切なのか、開発はどこまで許されるのか、公園の管理基準を巡って様々な問題提起がなされ、激しい論争へと発展した。

環境保護団体が環境と生態系へのダメージを訴え、圧力を強めた結果、当時パークス・カナダの担当大臣だったジャン・クレティエン（のちのカナダ首相）は、冬季オリンピック立候補への支持を取り下げた。

それでもバンフ国立公園内では、サンシャイン・ビレッジ・スキー場の拡張やハイウェイの４車線化工事など、大規模な開発計画が持ち上がり続けていた。こうした動きに対抗するため、環境アセスメントも活発に行われるようになり、住民の発言力は大きくなっていく。パークス・カナダも観光事業者も、徐々に自然保護についてどう責任を果たそうとしているのか、その答えを求められるようになっていた。そして1984年、バンフ国立公園が「カナディアン・ロッキー国立公園群」の一部としてユネスコの世界自然遺産に登録される。

生態系の保全がますます重要視されるようになるなか、1988年にはカナディアン・ロッキーへの玄関口であるカルガリーで冬季オリンピックが開催された。これを機に修正が加えられた国立公園法では、環境への人為的影響を減らすことが強調され、生態系の保全が国立公園の最優先課題として掲げられることになった。

同時に、国立公園にはマネジメント・プランの作成が義務付けられ、作成の過程ではより多くの市民の参加が必要とされた。これによって万が一、パークス・カナダが市民参加の面で手を抜けば法に触れることになり、環境保護団体が訴訟を起こすこともできるようになった。

バンフを訪れる観光客は、その後も増え続ける。1990年にはバンフ国立公園の訪問者数が500万人を超え、観光客の急増による生態系へのダメージがいよいよ懸念されるようになっていた。

その頃、十分な環境調査の結果を待たずにサンシャイン・ビレッジ・スキー場などの拡張計画が認可された。これに対し、環境保護団体「カナディアンパークス・アンド・ウィルダネス・ソサエティ（CPAWS）」が訴訟を起こし、スキー場拡張計画は差し止められる。CPAWSはまた、環境破壊が行われていると主張し、ユネスコに世界遺産認定の取り消しを求めることまでした。保護か開発か、環境保護団体と観光事業者の対立は激しさを増していった。

保護と開発の対立を乗り越える

保護か開発か。その対立を乗り越え、バンフ国立公園を持続可能な観光地へと転換させるきっかけになった調査がある。1994年、国立公園の活用や開発と環境保全をどう両立させればいいのか、その答えを出すために、当時パークス・カナダ担当大臣だったシーラ・コップスの指示で、「バンフ・ボウバレー調査」プロジェクトが立ち上げられた。この調査が行われる2年間は、計画されていたすべての開発プロジェクトが凍結された。サンシャイン・ビレッジ・スキー場の拡張計画も、ハイウェイを4車線化する計画もストップした。

そうしておいて、自然遺産や野生動物が暮らす土地が今、どのように開発され、利用されているのか、その結果生じたダメージはどのようなものかが包括的に調査された。それを踏まえて専門家や関係者による討論会も開催された。

バンフ・ボウバレー調査は、バンフがサステナブル・ツーリズムに大きく舵を切るターニングポイントとなった。第一の理由はもちろん、調査の内容の重要性だ。そしてもう一つ、この調査をきっかけに、事業者と環境保護団体が同じテーブルにつき、じっくり相手の話を聞く機会と時間ができたことだ。ここにバンフ・ボウバレー調査の意義がある。

以前はそれぞれ別の部屋にいて、相手を非難していたようなものだった。それが同じ部屋で顔を突き合わせ、議論を重ねるうちに、実は表現方法やアプローチが違うだけで、お互いにバンフ国立公園がより良くなることを望んでいることが理解できるようになった。建設的な対話が始まったのだ。

バンフ・ボウバレー調査委員会は、生態系保全のための新しい公園管理の政策として500以上の提言をまとめた。そこには「商業的開発のため新たに活用できる土地は一切ない」とも明記された。バンフの町のサイズを広げないこと、人口は1万人を上限とすること、人気のハイキング・トレイルを割り当て制にすること、公園内の開発を制限することなどが盛り込まれていた。町の周りを柵で囲って人間とエルクの衝突を減らすことなど、野生動物保護の施策も提案された。

このレポートが提出されると、パークス・カナダ担当大臣のコップスは、直ちに人口の上限を決める提言を採用した。さらに彼女は、小さな滑走路を撤去し、野生動物の移動ルートにあるバッファローの放牧地や士官学校の訓練場などもなくすよう指示した。バンフ・ボウバレー調査での指摘を踏まえ、多くの開発計画が縮小された。バンフ・スプリングス・ゴルフコースに9ホールを加える計画も1996年に取り下げられた。その後、専門家委員会からのレポートの提言も採用され、2001年には国立公園法に天然資源の保護と生態系保全のための維持管理が法制化されることになる。

カナダの多くの国立公園で生態系の修復、復元が行われ、世界自然遺産「カナディアン・ロッキー国立公園群」に含まれるジャスパー、ヨーホー、クートニーとともに、バンフは正式に国立公園の野生保護地区に指定された。これによってバンフ国立公園内の開発は制限されるようになり、改めて生態系保全が最優先されることが保証されたのだ。

今、パークス・カナダは、公園とその資源の状態を徹底的かつ継続的に監視している。700以上もある科学的指標を用いたモニタリングシステムは、世界中の国立公園から注目されている。そのデータの蓄積は、公園管理はもちろん、様々な政策決定にも役立てられている。

バンフにとって大きなターニングポイントとなったバンフ・ボウバレー調査。観光客が増え、環境への影響が懸念され、サステナブル・ツーリズムの概念が関係者たちの話題に上り始めたタイミングで、バンフにとっての持続可能な観光とはどういうものか、関係者たちが対話を通してじっくり考える機会を持てたことが幸運だった。

1996年に提出された調査レポートには、「バンフ国立公園はカナダ人のアイデンティティーの一つであり、自然保護なしには観光は持続できなくなる」というメッセージが明確に示されている。なにしろ、生まれた瞬間から観光地だったバンフは、その経済のほぼ100％を観光に頼っているのだ。

バンフで観光ガイド会社を経営する稲毛田健司氏は、バンフの今の姿を、わかりやすくこんな言葉で表現してくれた。「自然を壊すことは、金のガチョウを殺すようなもの。観光客に最高の自然体験を提供しなければ、観光業の成功は続きません」

これこそが、バンフがようやくたどり着いた結論であり、世界中の観光地が受け止めるべきメッセージだろう。

国立公園内の町を自治体に

バンフのサステナブル・ツーリズムが前進する重要なきっかけとなったバンフ・ボウバレー調査が行われた背景には、観光事業者と環境保護団体の対立があった。観光客の増加に伴い、環境へのダメージを心配する住民の懸念もあった。

だが、もう一つ見逃せない要因があった。それは、バンフの町がパークス・カナダの管轄から離れ、自治体として歩み始めたことだ。

1990年1月1日、バンフはカナダの国立公園内にある最初の自治体になった。それまでは、道路の穴の修理やごみの収集、開発計画まで、すべてパークス・カナダが担ってきたが、この時から町の計画や運営は自治体が行うことになった。現在に至るまで国立公園内の自治体はバンフのほかにはジャスパーがあるだけだ。

バンフの初代町長であり、現在もバンフに住むレスリー・テイラーによると、バンフを自治体にしようという構想は1990年よりもずっと前から議論されてきた。パークス・カナダは長い間、国立公園の一部としてバンフの町をコントロールしてきたが、実は既に1980年代には組織の内部に違う考え方が生まれていたという。

「当時、バンフ国立公園の局長は、広大な国立公園の中の小さな町の問題のために仕事の40％もの時間を費やしていました。それにパークス・カナダのスタッフは、もともと国立公園の仕事に就きたいと希望した人たちです。ですから、バンフを自治体にして町の業務は住民に任せ、パークス・カナダのスタッフは国立公園の業務に専念させたいということになったのです」

しかし、当時はすべての住民が自治体への移行に賛成だったわけではない。1988年の住民投票では、自治体化に賛成した住民は約65％にとどまっていた。国立公園だからこそ守られている自然管理が失われ、過剰な開発が行われてしまうのではないかという懸念があったのだ。

「まさに開発か保護か、という議論でした」とテイラーは言う。ところが実際には、自治体になってからの方が環境はより保護されるという結果になった。そうなった一番の理由は、自治体であるバンフが街の管理という観点から環境保護に取り組み、国の機関であるバンフ国立公園局は文字通り、国立公園の環境保護に専念するようになったことだろう。

自治体と国の機関が車の両輪のように機能し始めたのだ。

バンフの街から得られる税金は、カナダ政府ではなく自治体の収入となり、これを原資にリサイクルや下水処理システムの整備が進められた。かつてはクマやコヨーテが町に入ってきてごみ捨て場を漁ることが問題になっていたが、バンフは動物には開けることのできない「ベア・プルーフ」のごみ箱を導入した。ペットボトルを減らすため、町のあちこちに給水機も設置した。

マイカーではなく自転車通勤を奨励し、雪でも走れる極太タイヤの自転車ファットバイクを購入する個人や企業に補助金を支給した。ロームという名の路線バスも導入（写真６）。バンフの街中を巡回するだけでなく、国立公園外にある隣り

写真６　バンフを走る路線バス「ローム」
© ROAM Transit / Nick Fitzhardinge Photography

の街キャンモアとバンフを結んだ。いずれも車による混雑緩和と二酸化炭素の削減を目指した施策だ。

国立公園内の開発計画に発言権とチェック機能を持ち続けるパークス・カナダは、以前よりむしろ厳しい規制を導入。商業地の面積や人口の上限を決め、バンフに居住していなければ不動産を購入したり賃貸したりすることができないという規定も定めた。自治体との分業によって、独立した環境アセスメントにもより力を入れられるようになっていった。

「心配されていた過剰な開発は起こらず、驚くべき成果が上がりました」とテイラーは言う。規制や管理が厳しいなかでシステムを整えていくことは確かに難しいことだった。しかし、州政府も連邦政府も住民も、みんなが自治体化を成功させたいという思いで協力したという。

自治体運営のノウハウを持つ専門家をカナダのほかの地域から雇ったことも助けとなった。彼らはバンフというユニークな自治体がもつ観光と自然保護の二つの優先事項を理解して、バランスある運営を行った。

初めて保育所が作られ、二つのアイスホッケーリンク、4面のカーリング場、会議場や宴会場などの娯楽施設が改装され、住民サービスは向上していった。絵葉書に使われる美しいメインストリート「バンフ・アベニュー」のビルやホテルもルールに基づいた改装が行われ、新しくきれいになった（写真7）。テイラーはこう振り返る。

「国立公園の町に人間が住み続けるべきなのか悩んだこともあります。しかし実際にや

写真7　バンフを代表する光景「バンフ・アベニュー」 © Paul Zizka

ってみて、国立公園と町が共生していけると自信を持ちました。そして、より良い結果が得られました」

バンフの自治体化によって、パークス・カナダの担当官たちは町の問題から解放され、国立公園の問題に集中できるようになった。バンフ国立公園の局長デイブ・マクドノフは、2015年3月に掲載された『カルガリーヘラルド』紙のインタビューで、バンフを自治体にしたのはパークス・カナダにとっても良い決断だったと述べている。

「我々の最も得意とする公園管理や、訪問者に素晴らしい自然体験を提供しながら生態系を守るという役割に専念できるようになりました。バンフの住民に権限を委譲することで、住民のニーズに合った町の運営もできるようになり、今日あるバンフのインフラの整備が可能になったのです」

バンフの町が自治体になったことで、パークス・カナダも公園のあるべき姿について集中して考えられるようになった。それが数年後のバンフ・ボウバレー調査の立ち上げにつながったとテイラーは言う。パークス・カナダが権限を手放し、バンフを自治体にしたことが、実は本当のターニングポイントだったのかもしれない。

さらに住民を巻き込む

ほかの町では当たり前でも、国立公園の町に暮らしていると、できないことがたくさんある。例えば犬を放したり、鳥の巣箱を置いたりすることはできない。野生動物を怖がらせる花火も禁止だ。世界で最も美しい場所の一つに住めるという幸運に恵まれているのだから、多少の不自由は我慢しなければならないということだろう。

しかし、住民が町のプランニングの過程に参加できていれば、我慢の意味は違ってくる。少なくとも、なぜその規制が必要なのか理由がわかり、納得した上で規制に向き合えるからだ。

バンフではできるだけ多くの情報をウェブサイトなどで公開し、住民が自由に参加できる公聴会の機会も設けている。情報を得ることで、より多くの住民が町の自治や運営に積極的に関わってくれるはずだ。

カナダでは公聴会などを通じ、政策の方向性や開発計画の決定に市民が関わるのが一般的だ。そのテーマはエネルギー政策のような大きなテーマから、インターネットの料金設定まで実に様々だ。市民生活に影響を与える案件であれば、当たり前のように公聴会が開かれるのだ。

カナディアン・ロッキーの観光名所であるコロンビア大氷原の近くに、渓谷の上空280メートルのガラス床の展望台から氷河が見渡せるグレイシャー・スカイウォークの建設が行われるまでには、何年にもわたって公聴会が重ねられ、国立公園の目的を踏まえた観光へのメリットや環境への負荷などが議論された。

バンフの街でも、行政サービスや条例に修正が加えられる場合などに公聴会を開いて住民に参加を呼びかけている。ルールの背景にある理由を市民が理解し、行政側も住民にどんな影響があるかを十分に知ったうえでルールを作ることができるからだ。市民から情報を聞き取り、また、市民に情報を伝える。この双方向での循環がうまく機能することにより、結果として保護と開発のより良いバランスが取れるのだ。

「だからバンフの人たちは、小さいことでも声を上げるんです」と稲毛田氏は言う。例えば、バンフの街では夜間スケートボードでの道路走行は禁止だったが、地元のスケートボーダーが団結して抗議の声を上げた。バーなどで働く住民の多くは、スケートボードで職場に通っている。夜間でもトラックやオートバイに比べて騒音は少ない。車を使わない

写真８　ドライブ中にクマと出くわすことも　© Johan Lolos

スケートボードはエコな移動手段だとするスケートボーダーの主張が認められ、街の中心部以外の道路では24時間走行が可能となった。「小さなことから住民の声を取り上げてくれる土壌があるんです」と稲毛田氏は言う。

稲毛田氏は、バンフには小さい町ならではの良さもあるという。バンフで働いていないと家を買えないので、投資家は入ってくることができない。デベロッパーが開発できない仕組みだから、ほかのリゾートのように空き家が多かったり、週末だけ家主がやって来たりということもない。

「規制もあるけれど、良いところもたくさんあります。バンフにはカナダの本物の暮らしがあって、子育てもしやすいんです」

そして住民自身も、観光において重要な役割を担っている。観光客が国立公園内で適切な行動を取るように導きつつガイドすることだ。毎日やって来る新しい観光客は、バンフの土地やルールを知らない。「ごみを捨てないように」「動物に餌をやらないように」「ドローンを使わないように」と観光客に伝える役回りを果たしている（写真8）。バンフの住民には、良き市民であることと、良きアンバサダーであることが求められるのだ。

観光客により良い体験をしてもらうため、バンフ・レイクルイーズ観光局は、住民が観光ガイド役を務めるアンバサダー・プログラムを提供している。住民は観光客から質問されても答えられるよう、いろいろな講習を受けることができる。アウトドアや観光アクティビティー、スキー場などへの理解を深めるため、住民が無料で施設を体験できるチケットも観光事業者が提供している。

バンフはみんなで作り上げる観光地なのだ。

新たな課題

観光と自然保護の両立に取り組んできたバンフは、その取り組みが順調に進んでいるが故に、新たな課題に直面するようになった。バンフ国立公園にやって来る観光客がどんどん増え続けているのだ。

２０１０年以降、年平均約３００万人だったバンフ国立公園への訪問者数は右肩上がりに増え、２０１６年以降は毎年４００万人を超えるようになった。当時、アメリカの景気回復や中国での海外旅行ブームが起きたことが主な要因だが、カルガリーなど近隣都市の人口が増加し、日帰りで気軽にバンフにやって来るようになったことも大きい。さらに、自転車レースやマラソンなど、イベントを目的にバンフを訪問する観光客も増加に拍車をかけている。その結果、バンフの街の交通は滞り、駐車スペースの確保といった問題が起き始めている。

２０２１年７月まで11年間バンフの町長を務めたカレン・ソレンセンは、「観光が町の経済を支えているのだから、観光客が来てくれることを私たちは喜ばなくてはいけません。しかし同時に、来てくれるすべての観光客に良い体験をしてほしいと心から願っているのです」と現状を説明する。

観光客にバンフでいい思い出を作ってもらうにあたり、特に問題になっているのがハイシーズンである夏の混雑だ。住民からの苦情も多く、住民と観光客の間にあつれきも生まれかねない。バンフ・アベニューの渋滞や、観光スポットの混雑、レストランなどでの行列の解消などが急務となっている。

バンフは対策として、町はずれに無料で利用できる５００台収容の駐車場を整備し、住民や観光客には、車を降りて歩くよう呼びかけている。この駐車場に対する評判は、観光客、住民とも概ね好評だ。歩いて街の中心部まで15分。その間にボー川沿いの素晴らしい景色を楽しめる。現在は無料だが、いずれ有料化してその収益を様々な設備の整備に充てるアイデアも出ている。

またバンフは、町のキャパシティーの限界がいったいどれくらいなのかを数値化する試みも始めている。1日に入ってくる車両、交通量、街を訪れる観光客や滞在する観光客の数、使われる水道量などをモニターして、上限となる数値を見つけようという試みだ。

パークス・カナダとも連携し、増加する観光客をどう迎えるか、交通網の整備や情報提供の強化も進めている。環境に優しい行動を促し、交通渋滞を緩和し、公園内の最も人気のあるスポットへのアクセスは公共交通機関を使うようにすることで、混雑の防止や温室効果ガスの削減も目指している。

観光シーズンを分散するため、冬の観光促進にも力を入れている。バンフのホテルの客室の稼働率は2019年時点で夏期（5〜10月）の平均は82％、通年平均で73％だ。スキーだけでなく星空観賞、凍った湖の底から湧き上がる泡が凍結する「アイスバブル」見学、ジョンストン渓谷のアイスウォークなどの新しいアクティビティーを開発する一方、スノーウィー・デイズ、アイスマジックなど冬季のイベントをPRした結果、冬の観光客も順調に増えている。

そして、もう一つ重要なのが宿泊地の分散だ。隣りのキャンモア、また近年はカルガリーに泊まってカナディアン・ロッキーを訪れる旅行商品も販売され、順調に利用者を伸ばしている。キャンモアからバンフまではバスで20分。カルガリーからバンフは約2時間だ。

将来的にはカルガリー空港とダウンタウン、キャンモア、バンフを結ぶ鉄道を運行する計画もあるそうだ。

難題なのは、近隣都市から自家用車でやってくる日帰り客への対応だ。ホテルやキャンプ場に宿泊する観光客に対しては、スタッフや地域住民がコミュニケーションを取ったりバンフでのルールを説明したりする機会もある。宿泊施設のキャパシティーが決まっているから、満員になればそれが上限になる。しかし、日帰り観光客はいつ来るか、どのように観光するかが予測できない。同じ時期に集中してしまうこともある。その管理がさらなる課題になってくると予想されている。

皆が行きたいと思う場所に押し寄せ続ければ、やがて誰にとっても好ましくな

写真９　ロッキーの大自然の中でのハイキング　© Jake Dyson

い結果になるだろう。観光客の数を管理し、提供するアクティビティーの質を確保する必要がある。今は好きな時に好きな場所でハイキングができたとしても、将来的には半年前に予約をし、決まった時に決まった場所でハイキングをするようになるのかもしれない（写真9）。

制約が多くなることは避けられないだろう。しかし、制約があるからこそ、バンフは約140年間にわたって美しい観光地であり続けてきた。

「観光客は美しい観光地を楽しみに来てくれます。でも、そこで暮らす住民の生活にも関心をもってほしい。私たちはここで暮らし、子供を育て、そしてこの土地を愛しているのです」

バンフの初代町長であるテイラーの言葉が意味するのは、観光客も気持ちよく制約を受け入れ、住民にとっても幸せな観光、レスポンシブル・ツーリズムを目指すことにほかならない。

バンフの「果実」を近隣に

バンフの取り組みが成功し、宿泊地を分散させる必要に迫られたことで、バンフ国立公園に隣接するキャンモアの街は今、バンフ観光の恩恵を受ける形で急成長を遂げている。

観光と自然保護の両立によってバンフが得た「果実」が、周辺の自治体にも好影響を与えているのだ。

キャンモアには高層ビルはなく、中型ホテルやコンドミニアムが中心だが、夏のピークシーズンの稼働率は90%を超えている。観光客以外にもバンフで働く人や、近年では医者や弁護士など専門職に就く人々のセカンドハウスとしても、キャンモアの人気は高まっている。

ネイチャー・アクティビティーだけではなく、レストランのレベルも上がり、イベントやアートも盛んになってキャンモアは通年の観光地になりつつある。２０１９年までの過去5年間の観光客数は最多を更新し続け、観光収入も順調に伸びている。街が大きくなって人口も増え、今後数十年で人口は倍増して3万人にまで増えると予想されている。

キャンモアがバンフ観光の恩恵を受けているのは、観光収入だけではない。バンフが生態系保全を最優先し、試行錯誤しながら経験を重ねてきた持続可能な開発のノウハウがキャンモアの開発にも生かされている。

キャンモアには投資家も入っているが、建物の高さ制限などを設け、周辺の自然への配慮がなされている。人口の増加に備え、大規模なコンドミニアム建設などが計画されているが、厳しい環境アセスメントや公聴会、審査が行われる。

国立公園の境界は人間が作ったものであって、動物には関係ない。町が大きくなり、動物たちが行き来できなくなってはいけない。カナディアン・ロッキーの生態系へのダメージを考慮し、ボウバレーの「ワイルドライフ・コリドー（緑の回廊）」を守ることが、キャンモアの開発にも求められている。

ワイルドライフ・コリドーとは、カナダ北部のユーコン準州からカナディアン・ロッキーを通ってアメリカのイエローストーン国立公園までつながる野生動物の移動ルートだ。人間の生活圏によってこのルートが分断されても、野生生物の生息地の間をつなぎながら移動できる道を確保しようという取り組みだ。

バンフ国立公園での生態系保全のノウハウに基づき、キャンモアでも既にハイウェイにはアニマル・アンダー・パスが作られ、さらにアニマル・オーバー・パスの建設も予定されている。人間が作った自治体の境界線とは関係なく、人間と野生動物の衝突や交通事故を減らし、生態系への影響を最小限に食い止める取り組みだ。

キャンモアの町は急速に成長し、発展しているが、過去30年間にバンフで蓄積された経験が生かされることで、良い方向に進んでいるとキャンモアの住民は考えている。環境対策でもバンフのノウハウの恩恵を受けているのだ。

年間400万人以上の観光客がバンフを訪れ、バンフのホテルはいつも満室に近い状態だ。新型コロナウイルス収束後も、長期的には引き続き観光客の増加が見込まれている。

バンフの成功を背景に、キャンモアやカルガリーだけでなく、ほかの観光地にも成長の機会を広げていこうという取り組みが、アルバータ州観光公社を中心に行われている。カナナスキスなどの国立公園の外にあるカナディアン・ロッキーのリゾート地や、恐竜の化石発掘と研究で知られるドラムヘラーなどのアルバータ州南部の観光地もカナディアン・ロッキーとの組み合わせで商品化されている。

２０１９年にバンフの町がもたらした観光収入は28億カナダドル（約２４６４億円）を超え、アルバータ州全体に大きな経済効果をもたらしてきた。アルバータ州の産業はもともと石油が中心で、州の経済の四分の一を占めるが、近年は逆風が吹き、州の経済は苦戦を強いられてきた。そんななかで、バンフ観光がもたらす雇用や税収による貢献は大きい。

１４０年ほど前、国立公園内に観光のために作られた町バンフ。大陸横断鉄道建設とほぼ同時代に設計された小さな町だからこそ、徒歩で観光を楽しめる居心地の良い観光地でいられたのかもしれない。国立公園が設けた様々な規制に縛られつつも、生態系保全と観光開発の両立に取り組んできた。ほかの自治体にはない様々な難題に真摯に向き合い、意見を二分するような重要な行政の局面も、住民との対話を通して乗り越えてきた。

カナダ人がひんぱんに口にする言葉、「コンプロマイズ」。常に歩み寄りながら、知恵を出し合って歩んできたバンフのサステナブル・ツーリズムが、アルバータ州に、そしてカナダにとっても、大きな「観光の力」として貢献しているのだ。

第3章

ケープ・ドーセット

Cape Dorset

イヌイットが、
アートと観光の融合に挑む

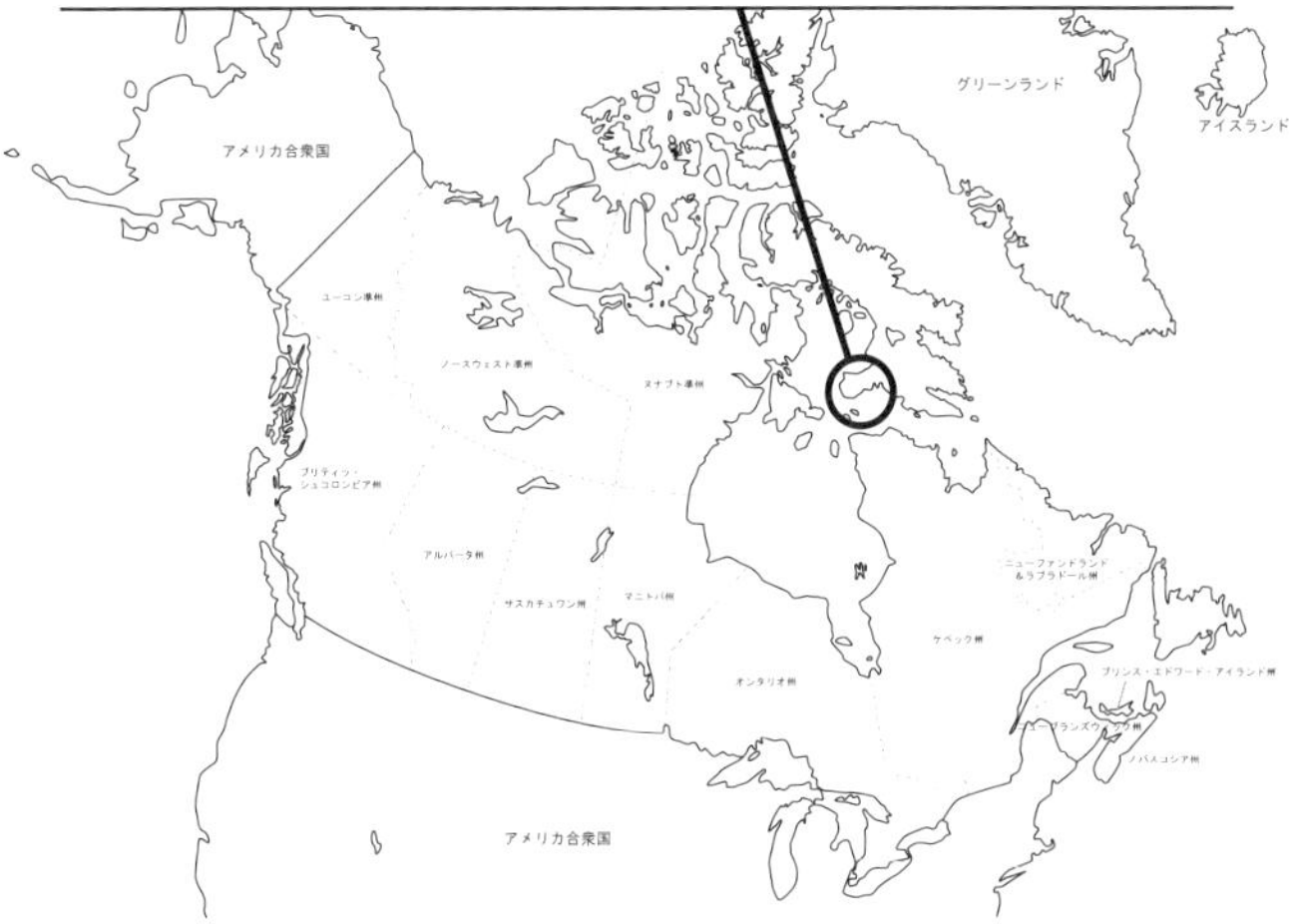

ケープ・ドーセット

西洋文明に翻弄される歴史のなかで、伝統を大事にした暮らしと生き方を守るため、アートを核にした観光の形を模索する先住民の挑戦。

北緯64度。もう少し北上すれば北極圏に達するという地に、ケープ・ドーセットというイヌイットの集落がある。わずか1500人ほどのイヌイットが暮らすこの土地の名前を日本で耳にすることはほとんどない。しかしアートの世界において、ケープ・ドーセットは知らぬ者がないほどのビッグネームだ。

ケープ・ドーセットは北米大陸のさらに北、バフィン島の南東に位置するドーセット島という小さな島の北側にへばりつくようにしてある。かつてはエスキモーと呼ばれ、氷原でアザラシやセイウチを撃ち、生肉を食べて生きてきたこの地のイヌイットは、踊るホッキョクグマの彫刻や、精霊のような不思議な島の版画を生み出すアーティストでもある（写真1、2）。

こんな観光地

イヌイットが暮らすケープ・ドーセットは、石と岩ばかりで植物もほとんど生えない極北の集落。短い夏は土ぼこりが舞い、あとの季節は雪と氷に覆われる。彼らが生み出す彫刻や版画には、外から来た者には真似できない独特の世界観がある。クルーズ船で訪れる観光客は、現地の人たちの人懐っこい笑顔に触れ、アートを楽しむ。

イヌイットだけに見える世界を形あるものに変えたケープ・ドーセットの彫刻や版画は、1960〜70年代に一大ブームとなり、カナダの大都市や海外に運ばれて高値で売買された。しかし、いつしか売れ行きは頭打ちとなり、イヌイット・アートは「曲がり角」を迎えるようになった。ケープ・ドーセットは今、自分たちの力で生き抜くため、極北の地に観光客を呼び込む必要性に迫られている。迎えるのはクルーズ船に乗った観光客だ。ケープ・ドーセットでイヌイットの暮らしに触れ、歴史や文化を知り、彫刻や版画などを購入してもらう「アートと観光の融合」を目指している。

これが実現できれば、極北のコミュニティーはもっと元気になるはずだ。しかし観光の必要性を認識しているのはまだ一部の関係者にすぎず、その取り組みは緒についたばかり。なにしろ肝心のイヌイット自身が、必ずしも観光への十分な熱意を持っているとは言えないのが現状だ。

それでも私は、ケープ・ドーセットを舞台に、旅人と受け入れ側が互いに共感し、リスペクトしあう「レスポンシブル・ツーリズム」が実現できると考えている。この章で伝えたいのは、観光によって地域が幸せになった成功事例ではない。これから観光の力を使って幸せになろうとするイヌイットと、その応援団による挑戦の物語だ。

写真１　踊るホッキョクグマの彫刻
作：Nalenik Temela

写真２　イヌイットは石板に版画を彫る

石の島の石の彫刻

イヌイットは、自分たち以外の人すべてを「南の人」と呼ぶ。それほどまでにケープ・ドーセットは地球の北側にある。

日本から行こうとすれば、まずカナダ最大の都市トロントで国内線に乗り継ぎ、首都オタワまで行って一泊する。翌日、小型の飛行機で北上し、さらに別の飛行機に乗り換える。ケープ・ドーセットにたどり着くだけでも丸2日はかかる。ただし、それはあくまで順調だった場合だ。悪天候で飛行機が欠航することも多いし、そもそも「極地料金」の運賃は割高だ。気軽に行けるような場所ではない。

遠いだけでない。ケープ・ドーセットには何もない。観光施設やレストランがないのはもちろん、舗装された道路すらない。あまりに北すぎて、ここには木すら生えない。ドーセット島は「石の島」なのだ。

ケープ・ドーセットという呼び名は、あとから白人が名付けたものだ。イヌイットにとってこの地はずっと昔から、「キンガイット」だった。「高い山」とか「山々」といった意味の「キンガイット」。といっても、われわれ日本人には高いどころか、「山」とも思えないなだらかな丘があるにすぎない。岩と石が積み重なって、その上を申し訳程度の土が薄く覆っているだけの島。だから柱も地中に打ち込むのではなく、巨大な金属の輪に土を詰めて立てている（写真3）。

「石の島」ケープ・ドーセットを歩いてみよう。石がゴロゴロしているので、ここでは都会で履くようなおしゃれな靴は無用の長物。きっと足首をひねってしまう。四輪バギーやピックアップトラックが行き過ぎるたびに、土ぼこりが舞い上がる。歩を進めていくと、今度はあちこちの平屋のプレハブ住宅の前から、白い煙のようなものが立ち上っている。そして鳴り響くキーン、キーンという甲高い金属音。

集落の至る所でイヌイットの男たちが、電動工具を手にひたすら石を削っている。そして盛大にまき散らされる大量の石の粉。顔も服も、粉で真っ白にしながら彼らが削り出しているものこそ、イヌイット・アートを代表する石の彫刻だ。

写真3　電柱は土を詰めた金属の輪に立てられる

石の島で生まれた石の彫刻が、貧しさのどん底にあったイヌイットを救い、今も彼らの生活の糧となってくれている。そのきっかけを作ったのは、ジェームズ・ヒューストンという1人の若き白人男性だった。

イヌイットははるか昔から、柔らかくて加工しやすいソープ・ストーンという青みがかった石で皿を作り、そこにアザラシの脂を満たして火を灯し、照明や暖房としてきた。やがて、毛皮目当ての白人が彼らの土地にやってくるようになると、カリブー（トナカイ）などの小さな彫刻を作って土産物とし、白人が持つなにがしかの品々と物々交換するようになっていった。そんな小遣い稼ぎ程度の小さな彫刻を、若き画家ジェームズ・ヒューストンが地元の産業に変えたのだ。

カナダのオンタリオ州に生まれたヒューストンは、トロントの美術学校で絵を学び、パリやケベックで画家として修行した後、カナダの北方、ハドソン湾に面したムースファクトリーという集落に滞在して先住民の絵を描いていた。極北の地に強烈な憧れを抱いていたヒューストンは、いつかもっと北にあるイヌイットの地に行ってみたいと念願していた。そして20代半ばのヒューストンに、その機会が訪れる。

1948年9月。北の集落で重体に陥った子供を救うため、ムースファクトリーから現地に医師が向かうことになった。ヒューストンのかねてからの願いを知っていた医師の妻が気を利かせてくれたらしい、搭乗する水上飛行機のパイロットの手伝いとして、ヒューストンに同乗が許されたのだ。

子供の診察が終わったあと、ヒューストンは帰途につく医師には同行せず、イヌイットとともに生の肉を食べ、犬ぞりを操って暮らす生活を選択した。のちにヒューストンは、そんな自分を「北極虫にやられた」と回想している。ヒューストンはその後も生涯を通じて極北に深い愛着を持ち、イヌイットとアートを結びつけるための活動を続ける（写真4）。

当時のイヌイットは貧しさのどん底であえいでいた。もともとイヌイットは定住せず、移動生活のなかで真っ白なホッキョクギツネなどを捕り、その毛皮を白人に渡すことで日用品などを手にしていた。だから彼らには近代まで貨幣の概念すらなかった。

しかし、4000年もの間、移動しながら暮らしてきたイヌイットは突然、カ

写真4　イヌイット版画の台紙を整えるジェームズ・ヒューストン（1960）
© Rosemary Gilliat Eaton / Rosemary Gilliat Eaton fonds / Library and Archives Canada

ナダ政府によって集落での定住を強制されることになる。彼らの狩り場に石油や天然ガスなどの資源が豊富に眠っていたことや、ソビエト連邦（当時）をにらんだ防衛政策上の事情などが定住政策の背景にあった。

テントや氷の家「イグルー」での生活を捨て、集落で暮らし始めた途端、彼らは否が応でも貨幣経済に組み込まれることになった。狩りをするには家から遠くまで移動しなければならない。すると犬ぞりではなく、燃料代がかかるスノーモービルが必要になる。しかし、現金がなければガソリンは購入できない。

ところが、コートやマフラーとして毛皮をもてはやしていたヨーロッパで動物愛護運動が起こり、毛皮の需要があっという間に激減した。価格も暴落し、イヌイットにとって長く生活の糧だった狩猟は突然、金ばかりかかる割に合わない仕事になってしまったのだ。

ジェームズ・ヒューストンが訪れたのは、そんな時代だった。ある日、イヌイットの集落で暮らし始めたヒューストンが、言葉も通じないイヌイットの肖像画を描いてみせると、お礼にと石でできた小さなカリブーの彫刻を手渡された。その彫刻の巧みさと美しさにヒューストンは驚愕《きょうがく》する。

長い年月、イヌイットは豊かな猟を願い、セイウチの牙やイッカクの角に祈りを込めて素朴な彫刻を施してきた（写真5）。ヒューストンが手にした小さなカリブーの彫刻には、イヌイットの純粋な祈りや、世代を超えて受け継がれてきた技術が積み重ねられていた。

ヒューストンはすぐに、もっとたくさん彫刻を作るようイヌイットに勧めるとともに、国

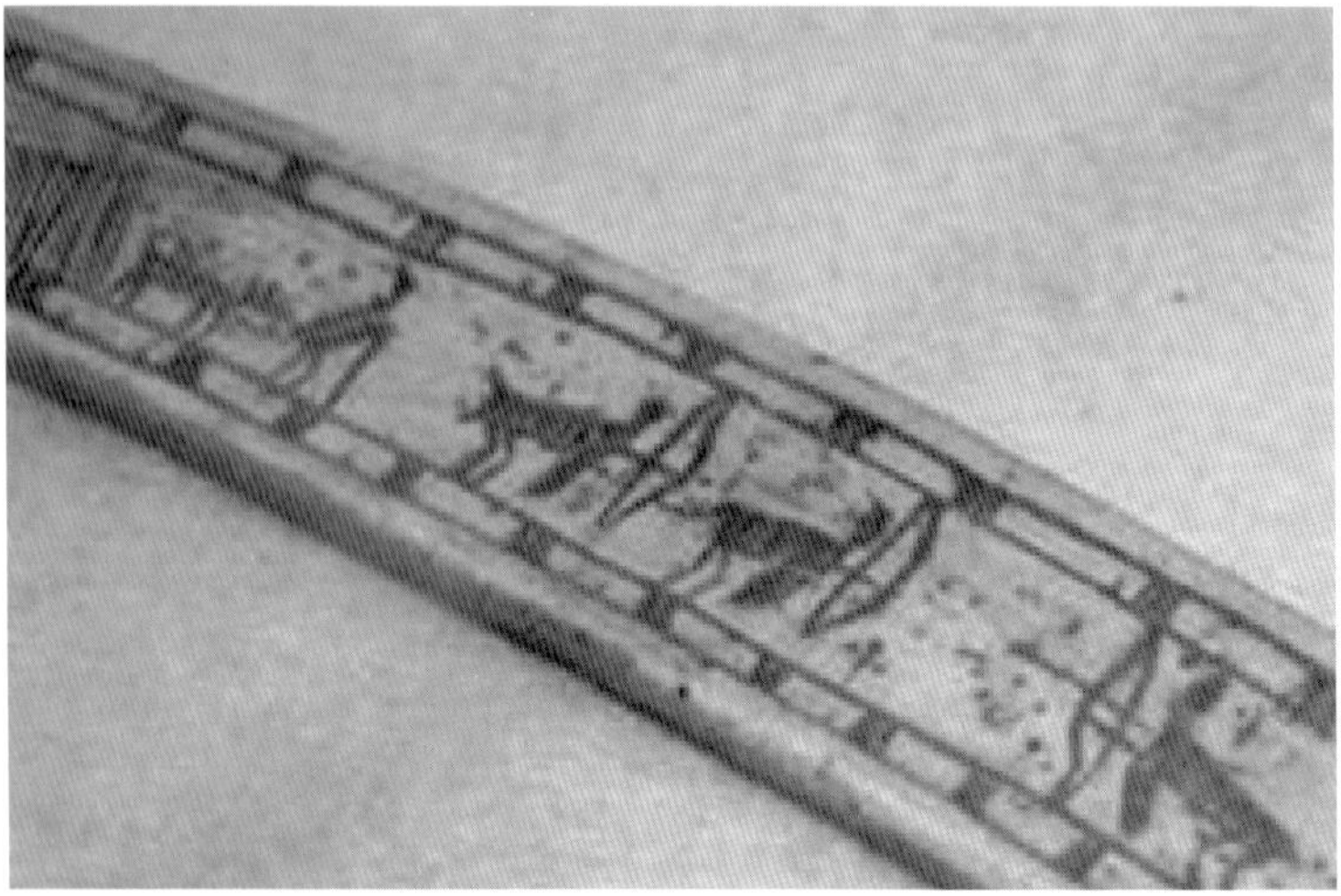

写真５　セイウチの牙に彫られた狩りの様子（ヌナッタ・スナックッタンギト博物館展示）

内外のアート市場にイヌイットの彫刻を広める活動を始める。モントリオールの「カナダ工芸ギルド」の協力を取り付ける一方、自らは各地のイヌイットのキャンプを訪ねて歩き、彫刻を集めて回った。

ヒューストンの尽力により、１９４９年に実現したモントリオールでの彫刻展示会は大きな反響を呼び、新聞や雑誌が書きたて、作品は飛ぶように売れた。生き生きとした狩りの情景や、氷原に生きる動物たちや人々の暮らし。「南」の人間には想像もつかない豊かな表現世界。イヌイットの作品を「土産物」ではなく、極北の狩人の手になる「美術品」として売り出したヒューストンの戦略は功を奏した。

石の島の石の彫刻は、ひとりの白人男性の手を借りて「南」の世界に紹介され、経済的にどん底にあったイヌイットを救うことになる。そして彫刻に続き、次なるイヌイット・アートとして版画の製作が始まるのだ。

紙のない島に版画が生まれた

ケープ・ドーセットの集落の真ん中あたり、石の丘の上にひときわ目を引く青い建物がある。2018年にオープンした「ケノジュアク文化センター」だ（写真6）。ここは彫刻と並ぶもう一つのイヌイット・アート、版画の製作・販売拠点でもある。

ケープ・ドーセットで暮らしながら数々の版画作品を生み出し、カナダで最も優れた芸術家の1人として知られる女

写真６　版画制作の拠点「ケノジュアク文化センター」

性アーティスト、故ケノジュアク・アシェバにちなんでセンターは名付けられた。イヌイットである彼女は芸術分野での功績が認められ、カナダ政府から勲章も授与されている。

私がここを訪れた時も、数人のイヌイットのアーティストが鉛筆を手に、版画の元となる原画を描いていた。クジラやホッキョクグマなどわかりやすいモチーフもあるが、龍のような空想上の生き物や不思議な鳥など、イヌイットの豊かな想像力でしか生み出しえない絵があふれていた。

イヌイットにそんな芸当ができるのは、石の彫刻がジェームズ・ヒューストンを驚かせたのと同様、彼らが長い間、豊かな猟を祈り、自然への畏敬を込めた文様をセイウチの牙などに彫ってきたからだ。

ただし、ここは木の生えない石と岩ばかりの島だ。原画はともかく、紙が不可欠な版画がどうして紙のないケープ・ドーセットで始まったのか。その謎を解くカギは、ケノジュアクが残した作品に隠されている。

ケノジュアクには「魔法にかけられたフウロウ」という代表作がある（写真7）。扇のように広がる尾羽根と太陽の光のようなトサカを持つフクロウ。魔法という表現がぴったりだ。イヌイットは目に見えたものを描くのではなく、心に浮かんだイメージを絵に移し替えて版画にしていく。

この作品の右下の方を見ると、書や絵画の端に押されるハンコ「落款《らっかん》」のようなデザインが描かれている。実はケノジュアクを含め、イヌイットの版画は浮世絵に代表される日

写真7　イヌイット・アートのギャラリーのようなイカルイト空港

本版画を手本として生まれた。だから木が生えず、紙がなかったこの島の版画には落款を模したデザインが描かれ、しかも多くの作品が日本の和紙に摺《す》られている。

彫刻と同様、版画もある日突然、ヒューストンとイヌイットの何気ない交流の中から生まれた。水夫の絵が描かれた「NAVY CUT」というイギリスのタバコがある。二つのタバコの箱に全く同じ水夫の顔が描かれているのを見たイヌイットが、ヒューストンに向かってこうつぶやいた。

「全部の箱に全く同じ絵を描いていくなんて、退屈な仕事に違いない」

ヒューストンはそのイヌイットに印刷の仕組みを説明したが理解されず、最後にセイウチの牙に彫られた文様にインクをのせ、それをティッシュペーパーに摺ってみせた。「これなら俺にも出来る」。イヌイットがそう口にした瞬間、ケープ・ドーセットでの版画制作がその第一歩を踏み出した。

1957年、ヒューストンの勧めで版画作りがスタートした。その時期は彫刻作りが始まった少し後だが、ヒューストンはすぐに、彫刻とは違い版画については技術が不足していることを痛感させられる。ヒューストンは、雑誌で紹介されていた日本版画に活路を見出そうと翌1958年、単身日本を訪問。著名な版画家のもとで3カ月間、その技術を学び、ケープ・ドーセットに持ち帰った。

ヒューストンには世界で確固たる評価を得ている日本版画と結び付けることにより、イヌイット版画を「美術品」として世に送り出せるとの思惑があったのかもしれない。摺るための紙にはあえて日本の和紙を使っている。落款風のデザインに加え、和紙も日本版画とのつながりを感じさせる効果を生んでいる。

ヒューストンが日本から持ち帰り、ケープ・ドーセットに導入した日本の版画制作のシステムは、原画を描く「絵師《えし》」、版木に彫る「彫師《ほりし》」、紙に摺る「摺師《すりし》」という分業制度だった。ケノジュアクはさしずめ「絵師」ということになる。このシステムにより、絵を描くのが苦手なイヌイットも制作に携わることができ、アートの恩恵をコミュニティー全体に行き渡らせることができるのだ。

ちなみにイヌイット版画が日本版画と違う点は、彫るのは版木ではなく薄い石の板だということ。木は生えないが、ここには石なら掃いて捨てるほどある。また、日本なら竹の皮の「バレン」が、ここではアザラシの皮で作られている。

1960年代から70年代にかけて、彫刻と版画、二つのイヌイット・アートは世界的なブームを巻き起こした。そして今や、青みがかった石の彫刻はカナダ各地の空港やショップで土産物として売られるようになっている。版画の分野ではケケノジュアク・アシェバという著名な絵師を輩出し、ケノジュアク文化センターが建設されるまでに至った。ケープ・ドーセットのイヌイットは、狩りに代わる生活の糧を手に入れたのだ。

生協がアートと集落を支える

ケノジュアク文化センターに併設されている版画スタジオやプリントショップの運営には、1959年に設立された「西バフィン・エスキモー生活協同組合」が当たっている。ジェームズ・ヒューストンらがこの「生協」の設立に尽力し、彼の盟友と言われたテリー・ライアンが1960年から40年間近くにわたってジェネラル・マネージャーを務めた。ライアンがケープ・ドーセットにやって来たのは、版画制作が始まって間もない1958年のことだった。

ライアンがジェネラル・マネージャーを務めた生協は常に、コミュニティーみんなで運営することを基本としてきた。現在は、ケープ・ドーセットの住民一人一人がひと口5ドルからの出資金を出し合って生協の組合員となり、その利益をすべての組合員が配当として受け取るというシステムで運営されている。

生協は、ケープ・ドーセットのアーティストたちから作品を買い上げ、その利益をコミュニティー全体に還元する。生協は、ケープ・ドーセットがイヌイット・アートの拠点として生きていくためになくてはならないシステムなのだ。

ライアンはアーティストの利便性を考え、彫刻に使うソープ・ストーンを生協が一括して調達するシステムを導入した。トロントに「ドーセット・ファイン・アーツ」という支社を設立し、マーケティングや販売、外部との折衝を担う仕組みも構築した。カナダ最大の都市トロントを拠点に、ギャラリー、博物館、愛好家

写真８　生協のスタジオで版画を摺る（ケノジュアク文化センター）

やバイヤーなどとグローバルな取引を行うのだ。

こうした生協の役割は版画においても同じだ。生協は紙や画材、インクなどの材料や道具のほか、創作のために自由に使える版画スタジオも提供する（写真8）。生協はできあがった原画をアーティストから買い上げ、石板を彫る職人や、摺る職人に賃金を支払う。創作活動を奨励するため、出来ばえに応じて原画の買取価格に差をつけるものの、生協はほぼすべての原画を買い取ることを原則にしている。

版画の販売や著作権の管理などもすべて生協が担ってくれる。だから、イヌイットはスタジオに行きさえすれば誰でも制作に取り組める。版画の利益も生協からコミュニティーに還元されるので、版画が盛んになればなるほどケープ・ドーセット全体が潤う仕組みだ。

ちなみに生協は、住民への安定した配当を確保するため、アート以外にもガソリンや日用品の販売、四輪バギーやスノーモービルの修理、食堂経営といったビジネスも手掛けている。おかげでケープ・ドーセットは、北極圏東部におけるグラフィック・アートの中心地となり、ほかの地域に住むアーティストが技術の習得や能力を生かす機会を求めて集まってくるようになった。

生協がアートを買い上げるのにかける金額は、新型コロナウイルスの感染拡大前までは年間100万カナダドル（約8800万円）を超えるレベルに達していた。人口1500人の極北の集落にとってはかなり大きな金額だ。

彫刻と版画。イヌイットは生きる糧として二つのアートを手に入れ、生協というシステムも出来上がった。しかし今、アートの売れ行きは頭打ちとなり、ケープ・ドーセットは新たな壁に直面している。

イヌイット・アートの曲がり角

ジェイソン・ポールは、かつてテリー・ライアンが約40年間務めていた生協のジェネラル・マネージャーのポストにある。イヌイット・アートの現状についてポールは、「1995年から2005年頃までが売り上げのピークだった」と指摘する。ピーク時以降、イヌイット・アートの売り上げは頭打ち状態に陥り、リーマンショックによる景気の落ち込みなどもあって、やや減少傾向が続いている。

ポールは、「アートの売り上げは景気に大きく左右される」と語るが、売り上げの減少は景気だけが原因ではなさそうだ。インターネット全盛の時代となり、ベールに包まれた極北の狩人という神秘性が徐々に薄れてしまったこともその要因と考えられている。グローバル化によって人々の見方が変化するのは避けられないことだ。

これまでのイヌイット・アートは、伝統的なモチーフが主に西洋の人たちの人気を博してきた。例えば、踊るホッキョクグマやセイウチ、狩りの様子など、美しい風景や動物の世界を描き出したクラシックなモチーフだ。こうした作品を生み出した初期のアーティストは、まさに伝統的な移動・狩猟生活を経験してきた世代だった。

しかし、イヌイットの生活が急激に「南」の影響を受けるようになると、若者を中心にイヌイット社会のありようも大きく変化していく。２０００年代以降はインターネットの普及やグローバリゼーションによってその変化は一層加速した。「南」と同じようにテレビやソファーのある部屋に暮らし、スマートフォンを手にするイヌイット。すると今までの伝統的なモチーフにこだわらず、自由で現代的なアートを制作する若いアーティストが増えてきた。

彼らはホッキョクグマではなく、現実のイヌイット社会で起こる問題など、難しいテーマを扱うようになった。「イヌイット・アーティスト」ではなく「アーティスト」と呼ばれることを望むようになった。生協を通してではなく、個人での成功を望むアーティストも出てきた。

時代が変わり、極北の狩人という神秘のベールの向こう側が「南」から垣間見られるようになった。その内側、イヌイットのコミュニティー内では、伝統的な様式にとらわれない新しいアートを模索する動きが出てきた。今まで通りのやり方で彫刻や版画を売り続けるだけでは展望が見えにくくなっている。

では、イヌイットにどんな活路があるのか。神秘のベールに頼るのではなく、観光客にケープ・ドーセットに足を運んでもらい、イヌイットの現実の姿や生の生活ぶりを見てもらう（写真９）。観光客に直接、イヌイットの歴史や文化を語り、理解を深めてもらう。

写真９　職場での昼食でカリブーやベルーガを食べるイヌイットの女性

そうやってイヌイットのことを知り、イヌイットの物語に共感してくれた「南」の人たちに彫刻や版画を買ってもらう。つまり「アートと観光の融合」に活路を見いだそうとしているのだ。

ケープ・ドーセットでホテルを経営し、この集落で唯一、ツアーオペレーターの業務を行っている「ヒュイット・ヒュイット・ツアー」という会社がある。この会社のマネージャーであり、ケノジュアク文化センターの理事会メンバーも務めるイヌイット女性、シラッキ・アラリアックは言う。

「インターネットで見ているだけでは本当の意味で私たちを理解してもらえません。私たちが何者であるかを知ってもらうために、観光でやって来た人たちにイヌイットの文化を伝えるのは大切なことなのです」

アラリアックは、「南」の人たちにケープ・ドーセットまで足を運んでもらい、イヌイットの真の生活や文化に触れてもらいたいと考えている。アラリアックによれば、ケノジュアク文化センターができたことによって、アートを目的にケープ・ドーセットを訪れる観光客が増えてきているのは間違いないという。パンデミックが起こる前、ケープ・ドーセットで宿泊するグループツアーや個人旅行者も見られるようになっていたし、雪に覆われていない季節であれば、版画購入を目的に毎月120人以上が文化センターに来館していた。

それでも、せっかく建設された文化センターを生かしきれているとはまだ言えない状況だ。イヌイット文化を紹介するプログラムを充実させたいが、そのための人材育成が遅れている。かつてケープ・ドーセットではこんな「事件」も起きている。

2004年、事前の連絡なしに突然クルーズ船が現れ、何百人もの観光客がケープ・ドーセットに上陸した。住民は驚き、ただ困惑するばかり。当然、観光客を案内できるガイドもいないし、買ってもらうためのアート作品も用意されていなかった。ほんの数人の観光客が集落を歩き回り、アーティストから直接、彫刻を買っただけで、コミュニティーにはほとんどお金が落ちなかった。もちろん、伝統のパフォーマンスを見せることもできなかった。

文化センターに生協が運営するプリントショップが併設されたのは、こうした事件もきっかけの一つだった。クルーズ船などでやってきた観光客にいつでも版画を購入してもらえるようにするのだ。

文化センターは多目的ホールも備えている。ここでなら、イヌイットがイッカクやベルーガ（シロイルカ）の白い皮の部分を「マッタック」と呼び、大好物としていることや、喉から独特の声を出しあうスロート・シンギングという遊びをしてきたことなど、イヌイットの食や文化、伝統を伝えることができる。

今はまだ、その「場」が設けられたにすぎない。だからアラリアックは「今が正念場です」と語る。観光の必要性を認識しているからこそ、プログラムの開発と人材育成の遅れにもどかしさを感じている。

ケノジュアク文化センターは、観光客が版画を購入したり、イヌイットの生き方や暮らし、歴史、文化を体験したりする場となれるはずだ。観光シーンは文化センターという施設に限定する必要はない。地元を知り尽くしたガイドから、イヌイットの歴史の物語を聞きながら集落や周辺を歩いて回る「ガイドウォーク」も可能だろう。その役目を女性やエルダー（長老）らに果たしてもらえるかもしれない。オンラインを活用しケープ・ドーセットから世界に向けて、イヌイットの暮らしや文化を伝える動画を配信することも夢ではない。

ケープ・ドーセットにはアラリアックと同様、こうした観光を実現したいと考えている人も少なからずいる。「南」から来る人に自分たちの文化を紹介できるし、交流を通じお互いに学ぶこともできると考えている。

だが、イヌイットのコミュニティーには、「南」の世界によって自分たちの暮らしを変えられたくないという警戒感があるのも事実だ。

観光の主体をイヌイットに

かつてジェームズ・ヒューストンも、イヌイットとともに観光事業を立ち上げようと試みたが、軌道に乗せることはできなかった。

当時、カナダの北極圏観光と言えば、スポーツ・フィッシングやスポーツ・ハンティングを目的としたごく少数の観光客を対象としたものだった。物理的にも距離が遠く、移動に時間かかかり、極地料金の飛行機代が高額だという弱みもある。

だから、たとえケープ・ドーセットに魅力的な世界的アートがあったとしても、たくさんの観光客が飛行機を乗り継ぎ、ケープ・ドーセットだけを目指してはるばるやって来ることは期待できない。しかし、北極圏を巡るクルーズ船がケープ・ドーセットに立ち寄る形なら、「アートと観光の融合」を実現できる可能性がある。そこで配慮しなければならないのが、日本人を含め「南」に暮らす人間にはピンとこないイヌイット特有の気質だ。

信じられないことだが、何か予定が入っていたり、訪問の約束をしていたりしても、彼らは天気がよければ当然のように狩りにでかけてしまう。約束の時間に家を訪ねたら留守だったということがごく普通に起こり得る。

そんな時、彼らには約束を破ったとか、嘘をついたといった後ろめたさはみじんもない。出かけた理由は、狩りにぴったりの天気だったから、ということなのだ。

一方でイヌイットは、「おもてなし」の心にあふれる人々だ。もちろんそれは商業的なおもてなしではない。彼らは実にシャイで、あまり人の目を見て話すことをしない。はにかみながらも、温かな笑顔で「南」から来た人間を迎えてくれる。

彼らは独特のユーモアのセンスにあふれ、苦しいことがあっても笑いに変えることができる。エルダーを敬い、みんなの合意で物事を決め、狩りの獲物も分かち合い、助け合って生きてきた。わかりやすく言うと、だまされることはあっても人をだますことなどありえない、心優しい人たちなのだ。

イヌイットの集落で生まれ育ったジェームズ・ヒューストンの息子、ジョン・ヒューストンは、ケープ・ドーセットでの観光の可能性についてこう語っている。

「私たちとは全く違う、遠くのエキゾチックな存在として紹介されたイヌイット・アートなら、イヌイットは自分たちの生きる世界や物語を自由に表現するだけでよかった。いわば外界を知る必要がなかった。しかし観光となると、イヌイットが外から来る観光客を理解し、観光客の求めるサービスを提供しなければ成立しないでしょう」

例えば、イヌイット・アートが世界でブームを巻き起こしたとき、英語を話せるイヌイットはほとんどいなかった。作品を作るだけならそれで問題なかったのだが、観光となるとそうはいかない。ジョンが言わんとしているのは、晴れているからといって勝手に狩りに出かけたりせず、もう少し「南」の人の考え方を理解する必要があるということだろう。

1991年に初めてケープ・ドーセットへのクルーズ船観光を催行した旅行会社「アドベンチャー・カナダ」のCEOであるシーダー・スワンもジョンと同様、「イヌイットも時間を守ることや契約上の基礎知識などは理解しておくべき」だと言う。

「基本的なビジネスのルールを知っていれば、イヌイットも安心して観光業に踏み出すことができるでしょう。外部から来た人間に利用されてしまうのを防ぐこともできるはずです。彼らは、自分たちの日常生活を見せるだけでもお金を受け取る権利があるのです」とシーダー。その上で彼女はこう指摘する。

「旅行者は、『南』の考え方を身に着けたイヌイットではなく、ありのままのイヌイットに出会いたいのです。私たちの顧客は、洗練された観光地を求めているわけではありません。商品化されたものを見たいわけではないのです」

クルーズ船の乗客は、たとえ6時間という短い時間の訪問であっても、本物のイヌイットのコミュニティーを体験したい。だからイヌイットは、自分たちのやり方を曲げてまで観光客に合わせる必要はないというのだ。

イヌイットの夫を持ち、イヌイットを知るシーダーは、旅行者や旅行事業者、つまり「南」の人たちにもっとイヌイットの気質や特徴を理解してほしいと考えている。イヌイットが

「南」に少しだけ歩み寄りながら、ありのままのイヌイットの姿を見せ、「南」から来た人たちと触れ合うような観光。これがケープ・ドーセットで観光を成功させる唯一の方法であり、それはまさに、旅人と受け入れ側が互いに共感し、リスペクトしあう「レスポンシブル・ツーリズム」そのものと言っていい。

アドベンチャー・カナダでは、イヌイットが望む形での観光を成立させるため、「南」から来た自社の優秀なスタッフをイヌイットのガイドに同行させ、ペアで観光客を案内するスタイルをとっている。「南」のペースに慣れていないシャイなイヌイットが1人で10人以上のグループを引率し、次々に質問されたなら、彼はすぐに疲れ果てて神経をすり減らしてしまうだろう。

もちろん、アドベンチャー・カナダの側からイヌイットに注文をつけることもある。しかし基本的には、現地でのプログラムはイヌイットの望む内容にしているという。

まだまだ伸びる

ケープ・ドーセットを含むイヌイットの土地は、カナダの行政単位としてはヌナブト準州に属している。カナダには10の州と、それより自治権が制限された三つの準州が極北地域に設けられている。ヌナブトは、イヌイットの自治を目指して２０００年に設立されたばかりの最も若い準州だ。

準州で暮らすイヌイットの三人に一人、ケープ・ドーセットでは実に二人に一人がアーティストだという。アートが売れなければイヌイットの生活には深刻な影響がもたらされることになる。

ヌナブト準州政府が観光振興に本格的に力を入れ始めたのは2010年のことだ。準州における主な産業は漁業、鉱業、そして観光だ。なかでも観光分野は今後、大きな「伸びしろ」が期待できるとみられている。

このため準州政府は、コミュニティーへの補助金や啓蒙活動、職業訓練などの支援を行ってきた。2017年にはヌナブト準州観光局「デスティネーション・ヌナブト」も発足させた。その主要な事業は準州全体の観光振興ではない。目的をイヌイットのツーリズム促進に絞った取り組みを続けている。なかでもクルーズ船観光は、イヌイットに収入や雇用の機会をもたらす持続可能な収入源となるだけでなく、イヌイット社会と「南」の間の交流を促すことにもつながる。

2018年、準州政府はアドベンチャー・カナダをはじめとしたクルーズ会社の協力のもと、「イヌイット・クルーズ・トレーニング・イニシアチブ」という研修プログラムを導入した。準州内の異なるコミュニティーから12人のイヌイットを1年間採用し、実際にクルーズ船に乗り込んでもらうのだ。

指導者と一緒に1年間、クルーズ船で働いてみて、初めてクルーズ観光とは何か、その全体像が理解できるようになる。そこで身につけられるのはクルーズ船運航の実務、つまり「ハード・スキル」だけではない。研修生は異文化コミュニケーションやチームワーク、リーダーシップといった「ソフト・スキル」も学ぶことができるのだ。

ソフト・スキルは観光業だけでなく、ほかの職業でも役に立つだろう。研修を通じ、イヌイットが違う文化の中で生きてきた「南」の人たちと関わり、交流することで自信を持つようになっていくに違いない。またイヌイットの研修生はいずれ、「南」から来た観光客と、上陸先であるイヌイットのコミュニティーの「橋渡し役」になってくれることも期待できる。

クルーズ船が停泊している間、イヌイットは南からやってきた観光客が自分たちのコミュニティーの中で一体何をしているのかと不審に思ってしまう。野生動物を悩ませるようなことはしていないか、まさか祖先の大切な土地から遺物など持ち出してはいないか。クルーズ船の寄港は地域の環境や海へのダメージ、安全上の懸念があり、狩りや漁業で暮らしているイヌイットが観光客や旅行会社にアレルギー反応を起こすのも当然のことなのだ。

かつてケープ・ドーセットで起きたように、クルーズ船が突然寄港し、小さな集落に観光客が押し寄せることはイヌイットにすれば警戒すべき「事件」なのだ。クルーズ船で経験を積んだイヌイットなら、上陸前に気を付けるべき事項を観光客に説明したり、イヌイットの集落に対して心配は要らないと事前に説明したりする橋渡し役になることが可能だ。イヌイットに無用な不安を感じさせずにクルーズ船観光を続けていくためには、イヌイットにもっとクルーズ船観光に関わってもらうことが重要なのだ。

実はシーダー・スワンの夫、ジェイソンは、アドベンチャー・カナダが運航するクルーズ船で初めて、白人とイヌイットの混成部隊であるクルーのリーダーを務めたイヌイットだ。そして準州政府が推進する「イヌイット・クルーズ・トレーニング・イニシアチブ」で、アドベンチャー・カナダ社における研修の責任者でもある。既に、リーダーの役目を果たすイヌイットが出てきているのだ。

アドベンチャー・カナダでは、クルーズごとに約30人のクルーを編成するが、そのうち5人から10人をイヌイットが占めている。この割合を今後、もっと増やしていくことを目指している。シーダーは言う。

「クルーズ船の研修生はいずれ、イヌイットのコミュニティーのロールモデルになるのです。イヌイットの子供たちは、きっと自分もクルーズ船のリーダーになれると思うでしょう。イヌイットがスロート・シンギングやパフォーマンスなどの伝統文化を紹介する役割を担うと同時に、観光のプロとしても更なる役割を担ってほしいと思っています」

イヌイットならではの知識も観光に生かされるはずだ。極北の大地で生きてきた彼らには、野生動物に関する深い知識がある。例えば、「南」のガイドは、技術はあってもホッキョクグマの生態を熟知しているとは言えないし、ホッキョクグマと関わった経験も多くはない。

準州政府は、アドベンチャー・カナダのようなクルーズ会社と連携してイヌイットの研修に力を入れる一方、イヌイットの狩猟の場となっている領域にクルーズ船が運航しないよう、クルーズ会社に注意や勧告を出している。

併せて、クルーズ船の来訪がイヌイットのコミュニティーにとってより経済的恩恵を与えるものになるよう、経済効果レポートの提出をクルーズ会社に義務付けている。例えば、2019年にノルウェーのクルーズ会社フルティグルテンが提出したレポートでは、ヌナブト準州の集落ケンブリッジ・ベイへの2日間の来航により、コミュニティーに300万円以上が支払われたことが報告されている。

2018年には、ヌナブト準州内で八つのクルーズ船が23のクルーズツアーを催行し、7月から9月の間に約50回にわたって様々なコミュニティーを訪問した。

写真10　アドベンチャー・カナダ社のクルーズ船が北極圏を行く　© Jerry Kobalenko

準州を訪れたクルーズ船の観光客は３４０４人にのぼり、クルーズ会社からコミュニティーに対しトータル38万８３５１ドル（約３４００万円）の支払いがあった。これには、観光客が現地で落とすお金、１人当たり平均約６万円は含まれていない。

同じ２０１８年、やはり北極圏のグリーンランドにはクルーズ船の観光客４万５７３９人が訪問している。ヌナブトがユニークな体験や多様なツアー商品を提供できれば、クルーズ船観光はまだまだ伸びるはずなのだ（写真10）。

準州政府がクルーズ会社の運航を適切に管理、誘導し、クルーズ会社とコミュニティーが一体となってクルーズ観光を受け入れる準備を整えること。そして着実に人材を育成することによって、イヌイットの生活を守りながら経済活動の幅を広げ、持続可能な観光から恩恵を受けることができるはずだ。

希望の光

イヌイットはエルダーの知見を敬い、コミュニティーみんなが参加して、合議制で物事を決めていく。みんなが賛成するまで物事が進まないのは効率の悪さにもつながるが、イヌイットにとっては譲れない一線なのだ。ヌナブト準州政府はイヌイットの「八つの社会価値」を掲げている。

1　他人を尊重し、人間関係を大切にし、人々を思いやる。
2　心を開き、他者を歓迎し、受け入れることで良い精神を育む。
3　家族やコミュニティーに尽くす。
4　話し合いと合意によって物事を決める。
5　観察し、見て覚え、助言をし、訓練し、努力することで技能を開発する。
6　同じ目的のために、ともに働く。
7　創意工夫をもって革新的である。
8　大地や動物、自然環境を敬い、大切にする。

イヌイットは、こうした自分たちの生き方を変えることを望んでいない。地域の環境に沿った生き方と、グローバルな経済システムに則った「いいとこ取り」の観光こそ彼らにふさわしい。彼らにとって望ましい観光客とは、見物するだけの団体ツアーやSNS映えする写真を撮りたい人たちではない。イヌイットの歴

写真11　自宅前で鳥の彫刻をつくるトゥーヌー・シャーキー

史や文化、暮らしを理解し、敬意を払ってくれる、イヌイットにとっての「良き旅人」だ。再びアドベンチャー・カナダのシーダーの言葉を紹介したい。

「私たちがよそ者であることをわきまえ、イヌイットの土地にお邪魔するという自覚をもち、イヌイットにとって公正なやり方でビジネスを行うべきです。コミュニティーに歩み寄り、対話し、調整し、信頼を築いていく。これは、一歩一歩積み重ねた先にしか実現できない『ビッグ・プロジェクト』なのです」

アドベンチャー・カナダのような観光事業者が「良き旅人」たちと手を携えながら、イヌイットと一緒に歩むことで、レスポンシブル・ツーリズムの大きな可能性を拓いていくことができるはずだ。

イヌイット・アートは高い芸術性だけではなく、その背景に、生き抜くためにもがいてきたイヌイットの「物語」がある。それを観光客が知ったとき、目の前のアートは全く別のものに見え始め、イヌイットの集落が自分にとっても生涯大切にすべき場所だと感じられるようになるだろう。

この章の最後に、ケープ・ドーセットを代表する彫刻家であり、これからのイヌイット・アートを引っ張っていくであろうトゥーヌー・シャーキーを紹介したい（写真11）。

人間の顔をした鳥や変身する魚など、シャーキーの彫刻は奇抜な想像に満ちている。祖父や叔父、両親が彫刻を作る姿を見て育ち、それが自分のイマジネーションの源になってきたという。自身も10歳で彫刻を始め、17歳のときには既に個展を開くまでになっていた。

国内はもちろん海外でも人気が高く、アメリカ、ヨーロッパ、オセアニアなど世界中のギャラリーが彼の作品を買い付けている。

「石が語りかけてくるのを待って、ゆっくり彫り始めるのが好きです。石が形を示してくれるから、その通りに彫ればいいのです」

ケノジュアクも「紙に向かうと、青い線が現れてペンを導いてくれるから、青い線を追ってその通りに描いていけばいい」と言っていたそうだ。

シャーキーは、ケープ・ドーセットを訪れる観光客と直接会い、直接彫刻を売る機会が増えたことで考え方に変化が生じたそうだ。

「以前はずっと、中身のわからない契約書にサインさせられてきました。説明を求めても教えてもらえませんでした。自分が何にサインしているのか、きちんと知りたいのです」

シャーキーはかつて、「100万部販売される図録だ」という説明を受けて自分の彫刻の写真を提供したものの、謝礼の額については理解しておらず、思いのほかわずかなお金しかもらえなかったという経験もしている。「教えてくれれば自分たちは選択できるし、変わっていけます。もう中身のわからない契約書にはサインしたくないのです」とシャーキー。

観光を通じた外部との交流によって、そんな思いが強まってきた。だから以前は、観光客に写真を撮られたり、メディアにインタビューされたりするのが苦手で、いつも断っていたが、今では知りたいと思って来てくれる人には、きちんと伝えなければいけないと思うようになったという。

「もっと自分たちを知ってもらう努力をしなければならない」

その言葉からは、イヌイットの生活がもっとよくなるよう自立していきたいとの思いが感じられる。彼のように、「南」との接触によって何かを感じ始めた人たちが、ケープ・ドーセットを次のステージへと導いてくれるはずだ。クルーズ船の研修生たちも、その輪に加わってくれることだろう。

プライドを胸に懸命に生きる人たちが暮らす場所には、必ず物語がある。その土地ならではの物語を知ることで、その後の人生が変わるほどの感動を旅はもたらしてくれる。「南」から来た良き旅人とイヌイットが直接触れ合い、暮らしを見てもらい、様々なことを伝え合い、感じてもらえるような観光の仕組み。イヌイット・アートがその架け橋となっていくだろう。

ジェームズ・ヒューストンらが残してくれたものを生かしながら、観光を通じてより良いコミュニティーを目指すイヌイットの取り組みは続いていく。良き旅人は、旅行を終えた後、生涯を通してコミュニティーの代弁者となり、支援者となってくれるはずだ。

なんでも左手でこなすジェームズ・ヒューストンは、イヌイットの言葉で左利きを意味する「サオミック」と呼ばれた。２００５年４月、アメリカ・コネチカット州で84年の生涯を閉じたヒューストンの遺灰は、その半分がケープ・ドーセットに運ばれた。ケープ・ドーセットで最も美しい海岸にケノジュアクら大勢のイヌイットの友人が集まり、一人ずつ大地に遺灰を撒き、感謝と哀悼の気持ちを込めて「サオミック」を見送ったという。

ケープ・ドーセットでの観光への挑戦は、きっとうまくいく。イヌイットの準州政府があり、準州観光局「デスティネーション・ヌナブト」もその目的をイヌイット観光に絞って活動している。アドベンチャー・カナダのようなパートナーもいる。そして、ジェームズ・ヒューストンがやって来たときとは違い、イヌイットの物語を知る「南」の人間も格段に増えてきている。

数えきれないほどの「サオミック」が、イヌイットを、ケープ・ドーセットを応援している。彼らの挑戦が成功しないはずがない。

第4章

チャーチル
Churchill

ホッキョクグマと生きる、世界に一つの観光

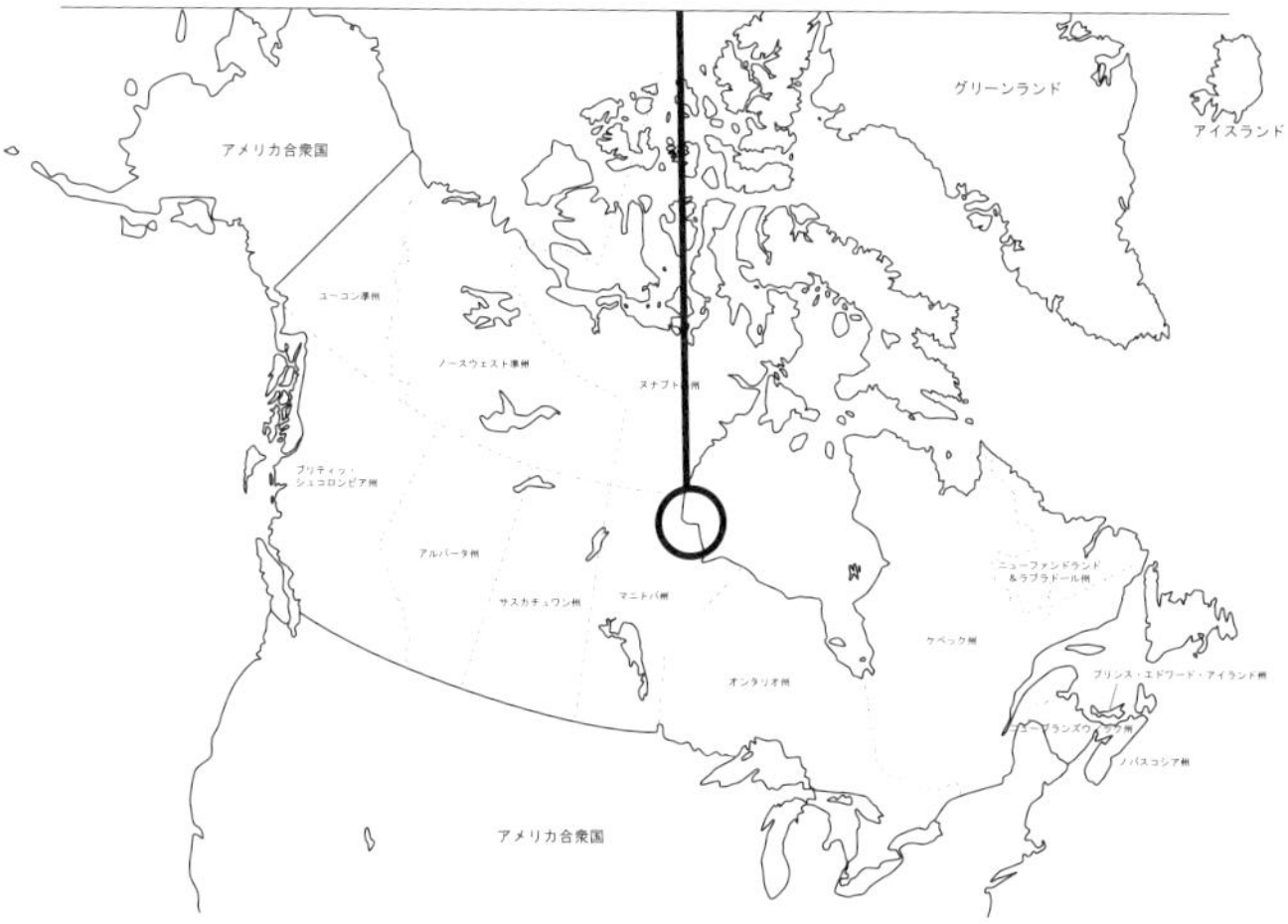

チャーチル

経済破綻の危機に瀕した極北の街が、人間の生活を脅かす野生動物ホッキョクグマを殺さずに共生することを決断し、世界に類を見ない唯一無二の観光地となるまでの道のり。

マニトバ州の北部、ハドソン湾に面した人口わずか900人の街チャーチルは、「世界のホッキョクグマの首都」と呼ばれている。毎年10月中旬から11月にかけ、人口に匹敵する900頭ものホッキョクグマが集結する世界でも珍しい街だからだ。そして英語ならポーラーベア、日本ではシロクマとも呼ばれる「北の王者」を目当てに、世界中から観光客がこの小さな街にやって来る。北部マニトバを訪れる観光客数は年間約53万人だ。

そもそも野生のホッキョクグマを見ることは容易ではない。通常は訪れるのが困難な地域に生息しており、見られる確率も低い。ところがチャーチルでは、ツアーに参加すればかなりの確率で比較的簡単にホッキョクグマに出合うことができる。

観光客はツンドラ・バギーというここにしかない特殊な大型車両に乗り、極北のサファ

こんな観光地

眼前に広がるハドソン湾の水が凍り始める頃、街の周辺にホッキョクグマが集まってくる。ホッキョクグマは街に入ってきても殺されることはなく、追い払われるだけで人間との距離を保つ。観光客はツンドラ・バギーという特殊車両に乗り、ホッキョクグマとの出会いの場に出向く。至近距離で危険な野生動物と安全に触れ合える貴重な場所だ。

リさながら、自然の中に生きるホッキョクグマを目と鼻の先にとらえ、写真を撮ることができる（写真1）。チャーチルの観光による売り上げは日本円にして年間約35億円。観光が支える雇用は約840人にのぼる。人口と同じ数のホッキョクグマが、人口に相当する雇用を生み出してくれている計算だ。

しかし近年、極北一帯の気温が上昇したことで、ホッキョクグマが獲物を捕らえるのに欠かせない海の氷結期間が短くなった。十分に食べることができずにやせ細った個体が散見され、命を落とすホッキョクグマも増加している。「北の王者」は既に、絶滅の恐れがある存在となっている。

だから観光客がチャーチルで体験するのは、単なるアドベンチャーではない。この街を訪れれば、気候変動がいかに地球に甚

写真1　ツンドラバギーでホッキョクグマと対面　© Destination Canada

大な影響を及ぼしているかを痛感するだろう。チャーチルの住民がどうやってホッキョクグマの保護に取り組んでいるかも目の当たりにするはずだ。そして、そもそもどうして人間が野生動物と至近距離でともに暮らせるようになったのか。この奇跡のような光景をチャーチルの住民が現実のものとしてみせた秘密を知ることができるだろう。

相手は、オスなら体長2〜2・5メートル、体重400〜600キロもある巨大な猛獣だ。しかし、いかに危険な野生動物が相手でも、人間が親しみと敬意をもって注意深く向き合い、工夫をこらせば共存の道が開け、観光による大きな恩恵が得られることをチャーチルは証明してみせた。チャーチルでの観光は、人類がどのように自然と向き合い、地球上で生きていくべきかを問いかける「考えさせる観光」なのだ。

チャーチルを訪れれば、ホッキョクグマと極北の大地がかけがえのない固有のものであり、かつ壊れやすいことを肌身で感じるはずだ。そして訪れた人にとって、チャーチルは永く大切な場所となるに違いない。

およそ50年前、主要産業だった毛皮交易が衰退し、コミュニティーにお金を落としていた軍の基地が撤退したことで、チャーチルの経済は崩壊の危機に瀕した。そして住民は、ホッキョクグマと共生するという前代未聞の道を選択した。観光の力で街を再生させ、今は気候変動という地球規模の問題に向き合っている。

極北の小さなコミュニティーに生まれた「考えさせる観光」こそ、私がこの章で伝えたいキーワードである。

帰ってきたホッキョクグマ

チャーチルはマニトバ州の州都、ウィニペグからおよそ1000キロ北に位置している。東京から1000キロ北に進めば北海道にまで到達する。それほどまでに遠い極北の街とウィニペグを結ぶ道路は存在しない。チャーチルに行くには2時間半飛行機に乗るか、二泊三日、36時間の列車の旅を経るしかない（写真２）。

「世界のホッキョクグマの首都」と呼ばれるものの、実は長い間、チャーチル周辺で確認される個体数は多くはなかった。それは人間がホッキョクグマを狩り続けてきたからだ。

「チャーチル」と聞いて、多くの人はある政治家を思い浮かべるだろう。第二次世界大戦時のイギリスの首相、ウィンストン・チャーチル。「世界のホッキョクグマの首都」の名は、チャーチル首相の祖先にちなんで付けられた。

1700年代初頭、ここに拠点を建設したイギリスの毛皮交易会社「ハドソン・ベイ・カンパニー」は、1600年代後半に同社の総督を務めたマールバラ公チャーチルにちなみ、近くを流れる川をチャーチル川、この拠点を「フォート・チャーチル（チャーチル砦）」と呼ぶこと

写真２　ウィニペグからチャーチルまで鉄道で２泊３日　© Travel Manitoba

にした。

　フォート・チャーチルでは先住民との間で毛皮交易が行われた。先住民のクリー族、デネ族、そしてイヌイットはホッキョクグマを捕らえ、その毛皮をフォート・チャーチルに持ち込んだ。代わりに彼らはイギリス商人から日用品などを手に入れていた。

　チャーチルから少し東に行くと、そこにはハドソン・ベイ最大の拠点「ヨーク・ファクトリー」があった。フォート・チャーチルをはじめ各地で先住民から入手した毛皮をいったんここに集め、船に満載して本国イギリスへと輸送していた。ハドソン湾沿岸に拠点を置いた毛皮交易会社。だから「ハドソン・ベイ・カンパニー」なのだ。

　ハドソン・ベイによるホッキョクグマの毛皮交易はおよそ250年間続いた。毛皮を狙われ続けたホッキョクグマの数が減るのは当然すぎる帰結だった。冷戦下の1942年にはソビエト連邦と対峙するためアメリカ陸軍航空隊の基地が建設された。ここで合同演習を繰り返すカナダ、アメリカ両軍の兵士は、演習中にホッキョクグマに遭遇した際には撃ち殺すのを常としていた。ホッキョクグマは人間を恐れ、人間との接触を避けるようになっていった。

「自分が育ったころ、チャーチルのコミュニティーでホッキョクグマを見ることはまれでした」

　そう語るのはチャーチルのマイケル・スペンス町長。1960年代の時点で、ここではホッキョクグマの姿はほとんど見られなくなっていたのだ。そのチャーチルに再びホッキョクグマが現れるようになったのは、ハドソン・ベイと軍事基地、この二つがチャーチルを去ったからにほかならない。

1957年、毛皮交易の衰退を受けてハドソン・ベイが撤退。4000人の軍事関係者を要していた基地も1964年に閉鎖された。「二つの撤退」によってチャーチルは毛皮交易と軍から落ちるお金の両方を失い、経済はどん底の状態に陥っていく。

チャーチルではもう一つ、カナダ西部で収穫された穀物をヨーロッパに輸出するための貿易港が収入源となっていた。しかし、南から穀物を運んでくる線路は温暖化のため永久凍土が解け始め、線路のメンテナンス費が上昇。貿易港までもが競争力を失っていった。

追い詰められる街の経済。一方で、殺される危険がなくなったホッキョクグマはどんどんチャーチル周辺に集まって来るようになった。ホッキョクグマは食料の9割をワモンアザラシに頼っている。ただしホッキョクグマは海を泳ぐアザラシを捕らえることはできない。凍った海の氷の上で待ち構え、氷の割れ目から息継ぎのために顔を出したアザラシを捕らえて食べている。

だからホッキョクグマがアザラシを食べられるのはハドソン湾が凍っている間だけ。春を迎えて氷が解けたあとは何カ月もの間、ほぼ絶食状態に陥る。そんななかで、海水よりも凍りやすい真水が大量に流れ込むチャーチル川の周辺は、ハドソン湾のほかのエリアよりも早く凍り始めるため、秋になると空腹を抱えたホッキョクグマがいち早く大集結するのだ。

疲弊する街の経済。増え続けるホッキョクグマ。住民はこの二つの難題を解決する必要に迫られていた。

共生の道を選ぶ

スペンス町長は、「軍の撤退が進むにつれて、より多くのホッキョクグマがチャーチルのコミュニティーに現れるようになりました」と証言する。1967年に確認されたホッキョクグマは76頭に過ぎなかったが、10年後には200頭。現在では900頭にまで達している。チャーチルの人たちが増え続けるホッキョクグマの存在に困惑するのは当然のことだった。

事件も起きた。街のごみ捨て場に餌を求めてホッキョクグマが現れるようになり、1968年には学校近くでその足跡を追った19歳の少年がホッキョクグマに殺された。鋭い爪に襲われた少年の死は住民を震撼《しんかん》させ、ホッキョクグマは地域の深刻な懸念となった。チャーチルで人間が殺されたのは1968年の事件と1983年の2件のみだ。ただし、死亡事故は少なくてもホッキョクグマに遭遇した住民が襲われることはある。不幸にして出くわせば、住民はホッキョクグマを撃ち殺さざるを得なかった。

「当初、コミュニティーの保全を担うコンサベーション担当官は、街に侵入してきたホッキョクグマを撃ち殺していました。毎年20～25頭ものホッキョクグマが殺されていたのです」とスペンス町長。

当時のチャーチルとホッキョクグマの関係について、カルガリー大学の論文「アニマル・メトロポリス　カナダ都市部における人間と動物の関係の歴史」に書かれているエピソードを紹介しよう。

ホッキョクグマが夕食時の民家に窓から入り込んで食卓にちゃっかり座っていたり、お腹を空かせてブタやニワトリなどの家畜を食べたりすることもあった。1970年代、チャーチルの住民は街の外にたるを置いて犬ぞり用の犬を鎖でつなぎ、そのたるの中にクジラやアザラシの肉を餌として入れておいた。その腐りかけた肉に惹かれたホッキョクグマが犬を殺してしまう事件も起きた。

ちょうどその頃、アメリカのニュース雑誌『タイム』は、6頭のホッキョクグマが炎をあげて燃えるごみを避けながら、食べものを漁る写真を掲載した。写真にはごみの山があり、どす黒い煙の中に白いクマが浮かび上がっていた。この写真によって威厳に満ちた「北の王者」は、落ちぶれた厄介者におとしめられてしまった。

ホッキョクグマ問題にどう対処すべきか。彼らは間違いなく招かれざる害獣であり、断固追い払うべきものだという主張があった。一方、ホッキョクグマが危険な存在だからこそ、うまく管理すべきだという意見もあった。双方の住民に共通していたのは、毎年20頭以上もホッキョクグマが殺されることは誰も望んでいないということだった。

当時のチャーチルには、街に侵入したホッキョクグマを殺してでも人間を守ろうという

「ホッキョクグマ・コントロール・プログラム」があった。しかし彼らはそのプログラムを捨て、「殺さない」という道を選ぶことを決めた。危険な存在であっても、「北の王者」が殺されるのをもう誰も見たくなかったのだ。

１９８０年、マニトバ州政府のコンサベーション部門とチャーチルのコミュニティーによって、ホッキョクグマとの安全な共生の方法を求めて「ポーラーベア・アラート・プログラム」が導入された。「コントロール」するのではなく、「アラート（警戒）」に軸足を移したのだ。

住民の側はごみの管理を徹底し、街中に迷い込んだホッキョクグマは音で威嚇するなどして追い払う。逃げない場合は捕らえて保護したあと自然に戻す。街の人たちは安全に暮らせるようになり、ホッキョクグマも殺されずに済むようになった。

「時間はかかったけれど、共生の道を選んだのは正しい選択だった。人間とホッキョクグマがともに暮らし、観光客を受け入れたことは、持続可能なコミュニティーのために重要な決断だった」とスペンス町長。

「１９７０年代と現在を比べると、ホッキョクグマに対する住民のリスペクトは大きく高まっています。ホッキョクグマは特別な存在であって、ともに生きるわれわれ人間も誇りを感じています。ホッキョクグマによって小さなコミュニティーは世界に名を馳せたのです」と町長は振り返る。

共生の道を選択したことで、コミュニティーにはホッキョクグマ観光への可能性が開かれた。チャーチルには世界中から観光客が訪れ、観光は地域経済にとって最大の柱となっていくのだ。

アラート・プログラム

ホッキョクグマと共生しながら観光への道を開くことになったポーラーベア・アラート・プログラムをここで詳しく見ておきたい。ポイントは、ホッキョクグマと人間の生きる領域を徹底的に区別し、管理し、双方の命を守ることにある。そのために街を三つのエリアに分けて、それぞれホッキョクグマの行動を許容するレベルを規定することにした。

街の中心部であるゾーン1では、ホッキョクグマが侵入した場合、クラッカーやクラクションなどで嫌な音を鳴らしたり、煙をたいたりして追い払う。ゴム弾や豆を詰めた袋を撃ち込む銃や、ペイントボール銃を使うこともある。

それでも動こうとしない場合や、担当者のチームが現場に到着した時に見当たらなかった場合には、生け捕り用のわなを仕掛ける。わなはいったん逃げ去ったホッキョクグマが戻ってきた場合にも有効だ。もし住民に危険が及ぶ可能性がある場合は麻酔銃で撃って捕らえる。ただしこれは最後の手段だ。もちろん費用が高いこともあるが、ごく一部に薬の副作用で命を落とすホッキョクグマがいるからだ。

わなや麻酔銃で捕らえたホッキョクグマは専用の施設に収容する。29室ある施設のうち5室にはなんと冷房設備も備えている。街に近づくと嫌な目に遭うと覚え込ませる目的もあって、1カ月程度この施設で拘束した後に、ハドソン湾が凍っていれば川べりに放たれる。海が凍る前であればチャーチルから遠く離れた場所までヘリコプターで運んで野生に戻す。

ゾーン2は空港などを含む周辺のエリア。住居が少なく人間との接触は限定的なので、必要に応じて移動式のわなを設置している。それ以外のゾーン3ではホッキョクグマを監視はするものの、住民から苦情がない限り排除はしない。

コンサベーション部門の担当官たちが「ベア・パトロール」を行い、ホッキョクグマが住民から安全な距離に留まるよう警備している。住民からの目撃情報を24時間、ホットラインで受け付ける仕組みもある。ホッキョクグマを殺さずに済むよう、住民も自らパトロールに協力し、三つのゾーン内で目撃したら直ちに通報している。

餌となるごみの扱いも重要だ。ごみは所定の場所に密閉して捨てる。ホテルやレストランはクマに荒らされないごみ容器を使用し、各家庭にはごみ収集の日にだけごみを出すよう指導する。ホッキョクグマが集まる秋のシーズンには、ごみ収集は毎日行われる。収集されたごみは埋められるまでの間、安全な施設で屋内に保管することにしている。

「安全なホッキョクグマとは、離れた場所にいるホッキョクグマだ」

このスローガンのもと、住民への啓蒙活動を続け、人間とホッキョクグマの接触事故の減少に大きな成果を上げている。担当官が地元の小学校に出向いて講演したり、ポスターデザイン・コンテストなども開催する。こうやって子供たちは、ホッキョクグマに出くわしたときに取るべき姿勢や行動を学んでいくのだ。

ホッキョクグマが生息するエリアでビジネスをする場合、それがエコツーリズムでも金鉱探しでも、すべてのスタッフは事前に訓練を受けなければならない。ショットガンを携行した「ベア・セーフティー」と呼ばれる警備員を雇うことは必須だ。現地でキャンプをするときはホッキョクグマの活動エリアから離れた場所に設営することはもちろん、わなやセンサーによる警報システムを使用する。

ポーラーベア・アラート・プログラムは、ホッキョクグマを攻撃するのではなく、人間の行動を変えることで接触を減らすことに主眼を置いている。試行錯誤を繰り返した結果、チャーチル周辺にやって来るホッキョクグマの数が大幅に増えたにもかかわらず、人間が身を守るために殺したホッキョクグマの数は、１９７０年代の年平均11頭から今では２頭未満にまで抑えられるようになった。

殺されたホッキョクグマの数も被害を受ける人間の数も大きく減少したことで、ポーラーベア・アラート・プログラムは高く評価され、北米各地でアメリカクロクマやヒグマと人間の共生にも応用されるようになっていった。

１９８０年、『ナショナル ジオグラフィック』がチャーチルの取り組みを取材に訪れた。住民の努力と連帯のうえに成り立つホッキョクグマとの共生のストーリーは多くの人を驚かせ、反響と共感を呼んだ。その結果、突如としてチャーチルに世界の関心が集まることになる。

いよいよ人間とホッキョクグマによる共生の試みが、観光へとつながり始めた。

メディアを引きつけ世界の観光地に

『ナショナル ジオグラフィック』はチャーチルでの取材を経て1982年、公共放送向けに「ホッキョクグマ警報」というドキュメンタリー番組を制作した。番組の冒頭、通りの真ん中を一頭のホッキョクグマが悠々と横切っていく。背景にはたくさんの電柱や駐車車両、そしていくつもの建物が見える。ナレーターが解説する。

「ここは、唯一の敵である人間を恐れることもなく、街の通りを巨大なホッキョクグマが闊歩《かっぽ》する、世界でただ一つの場所です」

若い夫婦が幼児をベビーカーに乗せて散歩する。厚い防寒服を身に着けていることを除けばどこにでもいる家族連れにしか見えない。しかし、父親の肩には狩猟用ライフルが下げられている。母親が語る。

「私は散歩するのが好きなんです。でも、銃を携帯して子供を連れて歩くのは落ち着かない気持ちです。子どもの世話をしながらクマにも気をつけなければいけないなんて無茶な話です」

番組ではまず、危険と困難が伴うホッキョクグマとの共生に対する住民の率直な思いが描かれている。ともに暮らすには、常に警戒を怠らないことを求められる住民たち。しかし番組では、日々、緊張を強いられる彼ら自身が、一方ではホッキョクグマに思いやりを示す場面も紹介されていく。ホッキョクグマが引き起こす数々の問題を前に、肝を潰しながらも共生を続ける姿勢を変えない街の人たちに、視聴者は驚きながらも徐々に惹きこまれていく。

チャーチルは危険だが面白い街。高視聴率を記録した「ホッキョクグマ警報」は、そんな興味を呼び起こす効果を生み、「チャーチルとホッキョクグマを世界地図に記した」とまで称賛された。

一方、『タイム』誌は、ハロウィーンの夕刻を迎えたチャーチルで、子供たちが出歩く前に武装した大人が見回りをする様子を伝えた。大人たちはお菓子をもらいに家々を回る子供たちがホッキョクグマを刺激するのではないかと危惧していた。仮装した子供たちが危険な目に遭わないとも限らないのだ。

「(大人たちは)お化けやいたずらな小鬼を見張っているのではない。ホッキョクグマだ」。『タイム』誌はそう伝えている。

ハロウィーンに限らず、街中を歩き回るホッキョクグマの存在は、あらゆる面でチャーチルでの生活に影響を及ぼし、住民に知恵を出すよう求め続ける。例えばホッキョクグマ注意報が出ると、医療従事者は病院に歩いて出勤することができなくなる。すると彼らの給料が減り、医療サービスも低下してしまう。だから組合交渉を経て、ホッキョクグマ注意報が出たときは雇い主が送迎サービスを提供しなければならないというルールが導入された。

ホッキョクグマと共生することを選んだチャーチルの住民は、歩いて仕事に出かけたり、ハロウィーンを楽しんだりするために、つまり双方の安全を守り、できるだけ調和を保ちながら普通の暮らしをするために、様々な工夫を続けてきた。そんなチャーチルは、世界中のメディアの取材対象となっていく。

「ホッキョクグマは私たちよりずっと前からこの土地に住んでいました」

「ホッキョクグマより野良犬たちの方が厄介です」

当時の報道には、こうした住民たちの寛容なコメントが多く見られる。ホッキョクグマとの距離を保ち、お互いが安全に暮らせるよう努めるうちに、住民の心に連帯感が生まれ始めた。ホッキョクグマと隣り合わせに暮らすことに多くの住民が誇りを感じるようになった。住民はホッキョクグマを将来に渡って良い状態で管理しなければならないという責任まで感じるようなった。ホッキョクグマの存在はチャーチルのアイデンティティーの一部となったのだ。

だから住民は、ホッキョクグマ問題を常に平穏に解決したいという意志をメディアに向けて表明し続けた。ホッキョクグマとの共生をセンセーショナルに取り上げる報道があれば、毅然と批判もした。住民が武装して自衛しているような描き方は、ホッキョクグマを恐れながらもリスペクトする住民の姿勢をゆがめるものなのだ。

時として威嚇や自衛のためにライフル銃は必要かもしれない。だが、チャーチルが目指すホッキョクグマの管理プログラムは、攻撃のための武器を手にすることではなく、住民の行動変容という戦略なのだ。ともに生きていけるよう毎日、努力を続ける。住民の間には、ホッキョクグマを守るコミュニティーとしてのプライドが醸成されていった。

ツンドラ・バギー誕生

チャーチルへの初期の訪問客は、ホッキョクグマの写真を撮りに来たメディア、野生動物を研究する生物学者、スポーツハンター、北極の探検家などに限られていた。やがて、街中でのホッキョクグマのおどけた姿やヘリで輸送される様子、住民との共生のストーリーが伝えられると、野生動物が好きな人たちはチャーチルでホッキョクグマ観光が楽しめるのではないかと考えるようになっていく。

自分もホッキョクグマに出会えるかもしれない。チャーチルに行けば野生そのもののホッキョクグマが見られるかもしれない。本物の体験が得られるに違いないと思うようになったのだ。

ちょうどその頃、チャーチルでユニークな車両が発明されることになる。当時、アメリカ人の写真家ダン・グラビッチは、ごみ捨て場を漁るホッキョクグマの写真を撮るために

写真３　ツンドラ・バギーの車内。ホッキョクグマの保全について学ぶ　© Jessica Burtnick

チャーチルを訪れていた。滞在中、予定にはなかったものの、地元の修理工レン・スミスに誘われてホッキョクグマ見物のため遠出することになった。男たちは意気投合し、後に「ツンドラ・バギー」と呼ばれるユニークな車両が作れないかと構想するようになる。

巨大なタイヤを使った特別仕様の四輪駆動車。観光客のグループを乗せて、ツンドラの雪原を快適に見物することができる。ホッキョクグマの手が届く場所よりも車高を高くすれば安全なはずだ。生態系に与える影響も最小限でなければならない。

そんな車があれば、街中でごみを漁るホッキョクグマではなく、野生動物保護管理地区でハドソン湾が凍るのを待つホッキョクグマを、より自然な環境の中で観察できる。ダンはレンに言った。

「君はバギーを作れ。俺は観光客を連れてくる」

こうして完成したツンドラ・バギーのツアーを『ナショナル ジオグラフィック』が全世界に紹介すると、観光客が一気に増えた。ここにしかない巨大な特殊車両の登場により、本格的なホッキョクグマ観光の幕開けが訪れたのだ（写真3）。

数台のツンドラ・バギーが作られ、観光客も増えた。ホテルが建設され、レストランやツアー会社も創業した。経済効果に支えられ、観光との両輪でホッキョクグマとの共生プログラムもさらに進化していった。街の発展が軌道に乗った。

ツンドラ・バギーは街から21キロ先のチャーチル野生動物保護管理地区にあるゴードン・ポイントに観光客を案内する。まるで極北のサファリだ。ツンドラ・バギーだからこそ、手つかずの自然の中でホッキョクグマを観察することができる。

巨大な四輪駆動車は人気を集め、安全に間近でホッキョクグマの写真を撮る観光客の様子が雑誌に掲載されると、さらに消費者の心をつかむことになった。1980年代前半、『ライフ』誌や『カナディアン ジオグラフィック』誌などが、ツンドラ・バギーの周囲を何頭ものホッキョクグマが取り囲み、観光客が場所を争って見物する写真を掲載した。『ライフ』には、若いホッキョクグマが後ろ足で立ち上がり、ツンドラ・バギーのタイヤに前足の巨大な爪をかけて車両の窓を見上げているインパクトある写真が掲載された。窓から身を乗り出し、ホッキョクグマの顔に写真家が顔と肩を至近距離まで近づけて写真を撮っている。ページをめくると、次の写真ではホッキョクグマが好奇心たっぷりに窓から観光客をのぞき込んでいる。

危険よりも面白さを感じさせる写真が並ぶ。両者を隔てているのはガラス1枚だけ。観光客はホッキョクグマと親密な交流を心から楽しむことができる。ホッキョクグマが危険であることを伝える写真とは対照的に、これらの写真は野生の猛獣に観光客がどれほど近くまで寄れるかを印象付けた。ツンドラ・バギーの登場によって、チャーチルのホッキョクグマ観光は一つのパッケージとなった。

こうして1980年代、徐々に極地チャーチルへの旅を検討する人が増え始める。日々の生活を離れ、野生の王国での非日常体験を求め、カナダ人、アメリカ人、ヨーロッパ人を中心にチャーチルに観光客が訪れるようになった。日本からもホッキョクグマやベルーガ（シロイルカ）、オーロラ鑑賞を目的としたチャーチル観光が始まった。

すると観光業に乗り出す動きが出始める。「カナディアン・ワイルドライフ・サービス」、「マニトバ・コンサベーション」といった野生動物の保護や環境保全を担当とする公的機関、観光事業者や起業家、地元の行政関係者、環境保護のNPO、地元のメディアなどがエコツーリズムのために手を携えるようになっていく。

テレビ番組や雑誌の記事は、従来の観光パンフレットやガイドブックを使ったプロモーションよりもずっと影響力が強い。ホッキョクグマに出会う旅への関心を高めてもらうため、メディアの取材誘致や広報活動を中心としたマーケティング戦略も取られた。

決して安くない料金を払ってチャーチルを訪問する観光客にとって、キーワードは「本物」だろう。動物園の檻ではなく、本来の生息地に君臨する威厳に満ちたホッキョクグマ。ここには本物の出会いがあるのだ。

長い間憧れてきた純粋な自然界の一部になることを観光客は望んでいる。荘厳で息を飲むような絶景に圧倒され、野生の中で自由に生きるホッキョクグマに出会うことは、都会の生活で疲れた心が洗われるような体験なのだろう。

若者が定住するようになった

ホッキョクグマ観光は急成長を遂げた。複数の旅行会社のデータからは、1984年のチャーチルのパッケージツアーは、売り上げの41％が秋の数週間、ホッキョクグマシーズンに集中していることが読み取れる。パッケージツアーは観光客全体の一部ではあるが、ビジネス以外を目的とした旅行の70％を占める個人旅行者も大半がホッキョクグマやベルーガを見るエコツアーが目的だった。

1985年には、観光がホッキョクグマの心理状態に悪影響を与えないよう配慮すべきだという懸念が観光業界に携わる人々の共通認識となった。多くの観光客が押し寄せることでホッキョクグマの心の健康を損なわないように、また観光客の体験の質を維持するためにも、ツアー客を一定数以内に収めることに注意を払うようになっていった。

写真を撮るのに躍起になる観光客であふれたもう一台のツンドラ・バギーが視界に入ったら、野生の王国での本物のホッキョクグマ体験が興ざめになってしまうかもしれない。旅行会社も、観光業の拡大に長期的なビジョンをもって慎重に対応してきたのだ。

1990年に地質学者チャールズ・フィーゼルが書いたレポートによると、ホッキョクグマ観光は地元経済に少なくとも年間300万米ドル（当時の為替レートで約4億3500万円）以上の貢献をしているという。ホッキョクグマ・ツアーによってチャーチルのホテル、レストラン、小売店など多くの業種がその恩恵を受けている。

ただし、秋のホッキョクグマ観光は既に上限にまで達していた。規模を拡大するならツンドラ・バギーの台数を増やし、エリアも拡大する必要があるが、バギーで観光客を案内する保護区は限定されたエリアであり、これ以上拡大すべきでないというのがマニトバ州やチャーチルの基本姿勢だ。代わりに構想されているのが、秋以外の季節の観光促進だ。

夏のホッキョクグマやベルーガ・ウォッチング、冬のオーロラ鑑賞などをアピールし、通年での観光を目指そうとしている。ホッキョクグマ観光の成功によって旅行事業者も増えていることから、提供する体験やサービスの幅を広げることが可能になった。

すると、これまでは秋のみ観光業で働き、それ以外の季節は別の地域で働いていた若者がチャーチルに定住するようになってきた。地元で育った若者が観光業に就き、チャーチルで家庭を持ち、チャーチルに住み続けられるようになれば、コミュニティーの持続的な発展も可能になってくるだろう。地元出身者以外の人材をチャーチルに呼び込むこともできるはずだ。スペンス町長は語る。

「カナダのほかのエリアやオーストラリアなどから観光業の経験がある移住者がやって来てチャーチルで働いてくれることは、地域の活性化にもとても良いことです。彼らはホッキョクグマや極北の自然、そしてチャーチルのユニークさに惹かれて来てくれるのだから。チャーチルに住み着いて、コミュニティーの一員になってくれるなら大歓迎です」

観光の始まりはメディアによる報道だった。やるべきだと思うことをやっていたらメディアが注目し、その露出によってチャーチルは大きな恩恵を受けた。観光客が増えただけではなく、「ホッキョクグマの首都」と呼ばれ、住民が誇りに思うコミュニティーに発展した。

「チャーチルの町長であることを、とても誇りに思っています。世界中から観光客が訪れてくれるおかげで、ほかの極北地域には見られないようなインフラや投資の恩恵も受けることができます」

これがチャーチルで生まれ育ち、25年間行政のトップを務めてきたスペンス町長の言葉だ。

先住民観光に取り組む

秋のホッキョクグマに続く、通年観光の促進。そしてもう一つ、チャーチルで始まった動きが先住民観光だ。ここにはクリー族、デネ族、メイティ、そしてイヌイットが暮らしている。メイティとは、白人と先住民、両方の血を引く人たちだ。

ホッキョクグマの生態に関する先住民の知識の深さは研究者の間でよく知られていた。ホッキョクグマの科学的理解を深めるに当たって多大な貢献をし、ホッキョクグマとの共生プログラムにおいても先住民は重要な役割を果たしてきた。にもかかわらず、これまで観光業において先住民が担う役割は限定的だったと言わざるを得ない。ホッキョクグマ観光による経済的恩恵をより公平に分配すべきだという指摘も以前から聞こえていた。

デネ族とフランス人の血を引くメイティであるデイブ・デイリーは、チャーチル生まれの3世だ（写真４）。ほかの先住民と同じく、ムース（ヘラジカ）やカナダグース（カナダガン）、カリブー（トナカイ）などを狩猟したり、釣りをしたりして生きてきた。地元のカーム・エアという航空会社の整備工として36年間勤める傍ら、観光業に携わってきた。そして今はチャーチル最大の犬ぞりツアー会社「ワプースク・アドベンチャーズ」を経営している。

「動物たちには魂があり、自らの体を人間が生きるために与えてくれると先住民は信じています。だから先住民は必要な分しか獲らないし、獲物になってくれた動物に感謝して皮や骨まで使います。『分かち合う』ことも先住民の大事な伝統です。獲物は、もう狩猟に出られないエルダー（長老）など、コミュニティーの人々と分け合うのです」

デイリーは、犬ぞりに乗っていてホッキョクグマに出くわすことはあっても、これまでホッキョクグマを殺したことはない。動物とともに生きてきた先住民の歴史もチャーチル

写真４　犬ぞりツアーを主催するメイティのデイブ・デイリー　© Daniel Rait

という街のストーリーの一部なのだ。周りの生態系を守りながら共生していることを誇りに思うデイリーは、観光客に犬ぞりや森のウォーキング、わな猟などを体験してもらいながら、先住民の生き方や文化を伝えている。

「例えば日本や中国、ニューヨークなどからやって来る観光客は、ふだんはスーパーで肉や魚を買っています。私たちの文化に触れ、動物には魂があることをリスペクトし、感謝して分かち合って共生する生き方に触れることは、彼らにとって違う価値観を知る貴重な体験となるでしょう。共生は誰もが昔、持っていた精神です。旅を終えたあとの日常生活でもその世界観は役に立つはずです」

秋のピークシーズンには連日、合計で２０００人以上の観光客を犬ぞりツアーに案内する。しかし、どんなに忙しくても、ストーリーを聞いて感銘を受け、顔を輝かせる観光客の表情を見るとやりがいを感じ、力がみなぎってくるという。

「観光客は私たちの文化を知りたいと思っています。観光客がいるから改めて自分たちの文化を学び直し、より本物の体験を紹介したいと思うのです」

デイリーが若い頃は、先住民には安心してビジネスを任せられないといった偏見があったという。悔しく思った彼は商工会議所に掛け合って、仕事を回してもらうよう働きかけた。観光の収益は外部から来た観光事業者だけでなく、先住民を含めたコミュニティー全体に資するべきものだと考えたからだ。

以来、チャーチルの商工会議所で理事や会頭を務め、発足したばかりのマニトバ州の先住民観光協会でも理事を務めている。観光を通じて、もっと先住民の若者に雇用や起業の機会を与えたいと思っている。若者が観光で新しいビジネスを立ち上げ、失敗を重ねながら経験を積んでいく。そうした成功体験がコミュニティーの若者を変えていくだろう。

「チャーチルで観光客に長く滞在してもらうためにも、通年での観光を促進するためにも、より豊富で多彩な観光ビジネスが必要です。アイデアは山ほどあるが、自分の体は一つしかない。若者を支援してもっともっと観光を盛り上げていきたい」

デイリーは先住民の若者たちとともに、チャーチルを先住民観光の中心地にしたいと考えているのだ。

環境保護と観光

今、チャーチルのホッキョクグマ観光が直面する最大の課題が気候変動であることは間違いない。1970年代と比べてハドソン湾の氷は3週間から4週間も早く解けるようになった。それに伴い、ホッキョクグマが絶食状態におかれる期間はどんどん長くなっている。痩せて健康状態は悪くなり、繁殖も困難になっている。

コンサベーション部門の担当官たちも、以前は9月初旬から街中に現れたホッキョクグマが最近では6月、ときには5月という年もあることを懸念している。夏に捕獲されて収容されるクマが増えたことが、収容施設に冷房設備を設置した理由だ。

温暖化によって、北極圏の冬は確実に短くなっている。氷海は小さくなり、餌が限られるなかで、ホッキョクグマは長くなった夏を生き延びることができなくなりつつある。2007年、米国地質調査所はこう予言した。

「このまま氷海が減少していくと、今世紀半ばには世界中のホッキョクグマの3分の2がいなくなる」

2008年、アメリカの「生物多様性センター」はホッキョクグマをアメリカの絶滅危惧種リストに加えることを提案した。アメリカ政府を動かし、気候変動を目の前にある危機として認識させる狙いがあった。結局、アメリカ政府はホッキョクグマを「危機にさらされている」という分類にとどめた。気候変動を早急に改善しない限り、我々はホッキョクグマを失ってしまうかもしれないと環境保護団体は訴えている。

氷海とホッキョクグマを守ることを目指す環境保護団体「ポーラーベア・インターナショナル」は10年前からチャーチルに拠点を置き、積極的な保護活動を展開してきた。実はこのNGOは、30年ほど前にホッキョクグマを見にチャーチルを訪れたビジネスパーソンのグループによって創設されたものだ。

「ポーラーベア・インターナショナル」は現在、チャーチルにやって来る観光客にホッキョクグマと気候変動、そして人類に緊急に求められる行動変容について理解を深めてもらうための活動を行っている。環境保護団体だけでなく、ツンドラ・バギーのツアーを運営する「フロンティアーズ・ノース・アドベンチャーズ」やロッジを拠点にホッキョクグマの観察ツアーを主催する「チャーチル・ワイルド」などの旅行事業者も同様のメッセージを発信し、観光客が環境問題について考え、話し合う場を提供している。

「私たちの目的は、観光客がホッキョクグマとチャーチルの支援者となって、気候変動問題に取り組み続けてくれることです」とフロンティアーズ・ノース・アドベンチャーズの社長兼CEOのジョン・ガンターは言う。野生のホッキョクグマに魅了され、オーロラの下でロマンチックなディナーを楽しむ一方で、観光客はホッキョクグマが直面する苦難に胸を痛め、何とかしなければという思いを強くする。このままではいけないという危機感や現実とのジレンマによって、世界の見方が変わり、目の前の風景が全く違ったものに見えてくるのだ。

フロンティアーズ・ノース・アドベンチャーズでは、ツンドラ・バギーのツアーにグループでのディスカッションやポーラーベア・インターナショナルでの教育プログラムなどを取り入れている。ツンドラ・バギーの車両にも2021年から電気自動車（EV）を導入し、脱炭素化に取り組んでいる。観光客が研究者とペアで調査や保全活動に参加して、温暖化の脅威とそれをどのように改善できるかを学ぶ「コンサベーション・ジャーニー」というツアーも、高額にもかかわらず人気が高い。

こうした体験によって、観光客はチャーチル滞在中、気候変動とホッキョクグマへの影響について理解を深めてくれるはずだ。観光客は旅行を終えて日常に戻ってからも、引き続き温室効果ガス排出量を減らす方法を学び続け、生活の中で行動変容を進んで行うよう促してくれるだろう。

より多くの人がホッキョクグマに感情移入してくれたら、きっと危機にあるその動物を救うために行動を起こそうという動きが高まるに違いない。自然の中で野生動物を見ることは、インターネット上の写真で見るのとは全く違う思い入れを抱かせてくれるはずだ。

次なる産業としての研究

チャーチルに暮らす人たちにとって、ホッキョクグマの存在は外の人間が想像する以上に大きいものだ。それは幸運であり、同時にリスクであり、日々の現実でもある。ホッキョクグマ観光は、ここでしか味わえない野生の体験を提供してくれる。しかしその観光素材は住民たちの様々な取り組みによって整えられてきたもので、もともとそこにあった絶景などとは質が違うものだ。

ポーラーベア・アラート・プログラムを通じ、住民はホッキョクグマの生態や習性、人間の営みと彼らの行動との関係についてとことん理解を深め、ごみの扱い方を変えるといった自らの行動変容によって安全なコミュニティーを築いてきた。そうした真摯《しんし》な取り組みによってホッキョクグマの個体数を保全し、世界に二つとないユニークな観光地を育ててきた。

街中でホッキョクグマが見られることがメディアによって報道されたことからすべてが始まった。やがてツンドラ・バギーの開発によって、街の外へ足を運ぶサファリスタイルの冒険へと発展した。より自然な環境で至近距離まで観光客が安全に近づけるイノベーションだったと言っていい。チャーチルとホッキョクグマの関係は、危険な野生動物や自然現象が相手であっても敬意をもって向き合い、創意工夫に富んだ方法で共存を模索すれば、観光による大きな恩恵を得ることができることを示してくれた。

そして今、観光とともにチャーチルの経済を支える柱となっているのは科学研究機関の存在だ。ホッキョクグマが気候変動による危機にさらされるなか、「ノーザン・スタディーセンター」が拡張され、「ポーラーベア・インターナショナル」もチャーチルの行政とパートナーシップを結んで拠点を構えた。ホッキョクグマの生態や気候変動との関係を研究し、地元の住民はもちろん、観光客にもその成果を公開している。研究は観光に続くもう一つの成長産業となり、雇用などの経済効果を生み始めている。

「小さなチャーチルの街には大きな可能性があります。都会さながらのエネルギーがあるでしょう？　我々は決してへき地の退屈なコミュニティーではありません。活気にあふれ、こうありたいというビジョンを持って前進しているのです」

スペンス町長はこう言って胸を張る。すべてはホッキョクグマという猛獣との共生を選択したことから始まった。温暖化による将来的な懸念は確かにある。しかし、街は一丸となって気候変動とホッキョクグマの保全に正面から向き合い、観光の力で人々の行動をさらに変えていこうとしている。

野生のホッキョクグマに出会えるだけではない。チャーチルの真摯な取り組みは、「考えさせる観光地」として、世界を魅了し続けるに違いない。

第5章

バンクーバー

Vancouver

幸せな暮らしこそ、
最高の観光資源

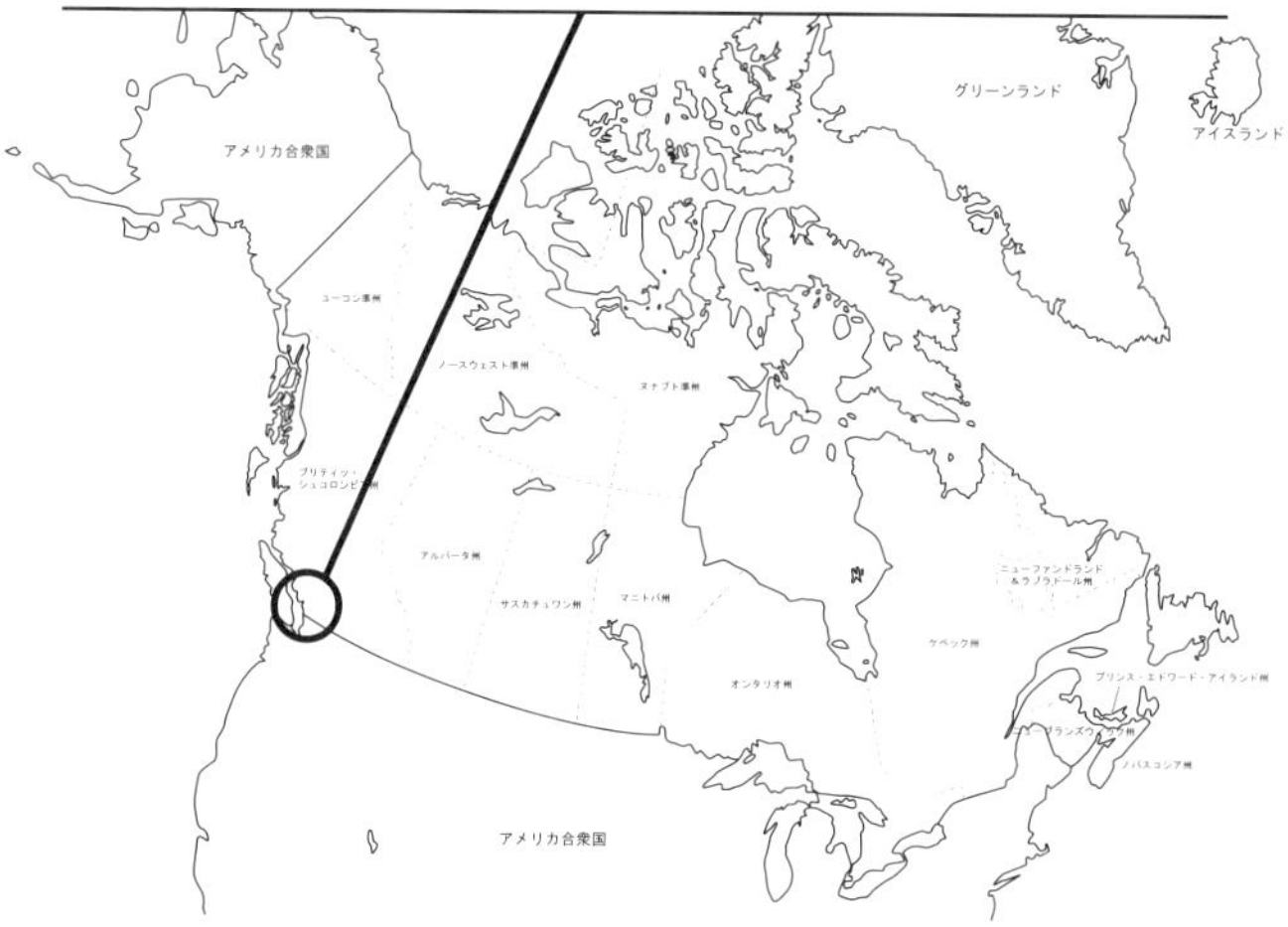

バンクーバー

増え続ける観光客をうまくコントロールし、住民が観光に満足することが、持続可能な観光地の条件だ。住民が心から住みやすいと思える「幸せな暮らし」を目指す街の物語。

日本から毎年たくさんの観光客が訪れるバンクーバーには、ナイアガラの滝のような世界的に知られた観光名所はない。テーマパークも古い歴史を伝える史跡もない。実はこれといった主要な観光資源がないにもかかわらず、バンクーバーを訪れる観光客は2009年の約810万人から2019年までの10年間で36％増え、1100万人を超えている。ナイアガラの滝を訪れる観光客が約1400万人であることを考えれば、バンクーバーは間違いなくカナダ屈指の人気観光地なのだ。

この章で紹介するのは、すべての住民が心から住みやすいと思える「幸せな暮らし」を追求する行政の動きにバンクーバー観光局が呼応し、企業も巻き込んで人気の観光地を作り上げた事例だ。住民が幸せだと思える街は、観光客にとっても魅力的であり、観光によ

こんな観光地

西部カナダ最大の大都会でありながら、ほかの都市とはひと味違う光景がさりげなく目に入ってくる。ダウンタウンを自転車で移動する人たち、地元産のオーガニックな野菜や果物が並ぶマーケット、環境にダメージを与えずに獲られたシーフード、農家から直接仕入れた肉や野菜……。ここは「暮らすように旅する」のにぴったりの場所だ。

ってもたらされる恩恵が街をますます良くするという好循環を生んだ。だから世界中の人がバンクーバーに惹きつけられてしまうのだ。

コロナ後に始まるであろうニューノーマルの時代にあって、観光客が大挙して訪れ、「観光」の名のもとに地域を消費し尽くすような事態は何としても避けるべきだ。バンクーバーが実現した「幸せな暮らし」と「観光」の調和は、サステナブルな世界を目指すＳＤＧｓ（持続可能な開発目標）の理想そのものと言っていい。バンクーバーが示したサクセスストーリーは、世界中のどんな都市にも参考になるだろう。

写真１　多くの住民が愛用するスカイトレイン　© TransLink

北米らしからぬ街

バンクーバーの街を歩いていると、北米の大都市らしからぬ、ある特徴に気づく。車社会につきもののハイウェイが見当たらないのだ。実は１９６７年、ダウンタウンにハイウェイを通す計画が持ち上がったものの、市民から「チャイナタウンやガスタウンなどの古いコミュニティーが破壊されてしまう」と反対論が起き、建設は中止に追い込まれた。ガスタウンはバンクーバー発祥の地と言われ、カナダの建国と同じ１８６７年に、おしゃべりジャックと呼ばれた〝ギャシー〟ジャック・デイトンが酒場を開いたところ。そんな歴史ある街並みが残され、空を遮るハイウェイがないから、この街は今も解放感にあふれている。

ハイウェイの代わりに整備されたのは、スカイトレイン（写真１）というモノレールのほか、電気運転のバスや水上バスなどの公共交通機関だ。もちろん市内をたくさんの車が走ってはいるが、多くの人がスカイトレインや自転車、徒歩で移動している。

誰もが安心して利用できる安全な自転車専用道路「バイク・レーン」も整備されている。その総延長は５００キロ以上。海岸沿いには28キロにも及ぶ美しいトレイル「シーウォール」があり、市民らがジョギングを楽しんでいる（写真２）。このトレイルは市が１９２８年から少しずつ海岸沿いの農地や荒れた工場地を買い上げ、約90年かけて完成させたものだ。

車ではなく人を優先してくれているか

写真２　海岸沿いのシーウォールでは市民がジョギングを楽しむ

ら、バンクーバーは歩いていて楽しい。自然に囲まれ、太平洋に開かれたダウンタウンは本当に美しく、何時間でも散歩していたいという気持ちにさせられる。

バンクーバーが今でいうサステナブルな街づくりに取り組むようになった背景には1992年、ブラジルのリオデジャネイロで開催された「地球環境サミット」でのあるスピーチの存在がある。この国際会議でバンクーバー出身の12歳の少女、日系4世のセヴァン・スズキが世界に向けて環境保護の重要性を訴えたのだ。

「どうやって直すのかわからないものを、壊し続けるのはもうやめてください」

彼女の訴えは、「世界を5分間沈黙させた」と言われる。今日のグレタ・トゥンベリのような注目を集めたのだ。ハイウェイ建設を阻止した経験や、世界を沈黙させたこのスピーチが、バンクーバー市民の心の中にサステナブルな街づくりを求める気持ちを醸成させていったのかもしれない。こうしたベースがあったバンクーバーが「幸せな暮らし」を目指すことになった直接的なきっかけが、2010年に開催されたバンクーバー冬季五輪だった。

世界一グリーンな都市

バンクーバーでの冬季五輪開催が決まったのは2003年のこと。他の開催都市でも見られるように、バンクーバーでも立候補から開催決定に至るまでの間、五輪開催をめぐって賛否両論が渦巻いた。反対意見の主な理由は、貧困問題やホームレスの削減、先住民の土地をめぐる社会問題の解決など、五輪開催よりも優先すべき政策課題があるのではないか、というものだ。このため市は五輪開催が決まったあと、すべての市民が歓迎し、メリットを享受できる大会にすべく動き始める。

市民挙げての議論を経て、市は二つの方針を打ち出した。一つめは「世界一グリーンな都市」を目指すこと。都市と環境の調和を徹底的に突き詰めながら、五輪の大会運営や観客の受け入れに当たって、どのような環境対策を施すべきか、様々なアプローチが検討された。

二つめは、バンクーバーにある三つの先住民グループと対話し、協調を図ること。バンクーバーという都市に関わるすべての人にとっての暮らしやすさを実現するため、社会的、文化的なサステナビリティーの議論を高めることが必要だと考えた。バンクーバーは、五輪への反対意見に正面から向き合うことで、すべての住民が歓迎できる五輪を目指したのだ。

こうしてバンクーバーは五輪開催を翌年に控えた2009年、「2020年までに〝世界一グリーンな都市〟になる」と宣言し、「Greenest City 2020」として次の10の目標を掲げた。

1 「気候変動問題でのリーダーシップ」(Climate Leadership)
2 「熱効率の改善などグリーンな建築の促進」(Green Buildings)

3　「グリーンな公共交通の整備」（Green Transportation）
4　「リサイクルを促進し、廃棄物をゼロに」（Zero Waste）
5　「自然と融和した生活」（Access to Nature）
6　「グリーン事業の促進」（Green Economy）
7　「カーボンフットプリント＝二酸化炭素排出量の可視化と軽減」（Lighter Footprint）
8　「グリーンな水の確保」（Clean Water）
9　「クリーンな空気」（Clean Air）
10　「地産地消の促進」（Local Food）

計画の策定には、地元住民はもちろん、企業やNGO、大学も参加した。また、ソーシャルメディアを活用し、世界中の数万もの人たちから構想についてコメントを寄せてもらった。それぞれの目標に対して様々な測定値や指標が設けられ、毎年の進捗状況が市民に公表される。バンクーバーの行政、企業、市民がともに、環境対策に取り組み始めた。そしてバンクーバー冬季五輪は競技そのものだけでなく、「世界で最もグリーンな都市」に向けたスタートとしても成果を上げていくことになる。

「サステナビリティー（持続可能性）」を五輪のキーワードに掲げ、例えば選手村やその周辺では、暖房や温水に必要なエネルギーの約90％を排水処理場から出た廃熱の再利用でまかなった。競技施設の建材にはマツノキクイムシの被害にあった木材を活用し、雨水をトイレの洗浄に活用した。アルペンスキーの会場建設では、カエルの生息地の保全にも配慮した。

こうした施策を評価して、カナダの環境保護団体「デヴィッド・スズキ・ファウンデーション」は2010年、バンクーバー冬季五輪の気候変動対策に銅メダルを授与した。

五輪、もう一つの風景

2010年3月、五輪の閉会式に詰めかけた観客は、「サステナビリティー」や環境対策以外にもう一つ、象徴的な場面を目にしている。五輪の前年まで3年間、バンクーバー市長を務めたサム・サリバンが次回開催地への五輪旗引き渡し役として登場したのだ。19歳の時にスキーの事故で重い障害を負って以来、サリバンは電動車いすの生活を続けている。手や指もあまり自由は効かない。そのサリバンが車いすに五輪旗を取り付け、車いすを動かして旗を振ってみせた。会場からは割れんばかりの拍手が起きた。

実はバンクーバーは、アクセシビリティー（移動、利用のしやすさ）においても先進地なのだ。障害のある人が当然のように街中を移動できるよう、歩道の端はきれいに削られ横断歩道の間に段差がない。スカイトレインとホームの間にも、高さの違いや隙間がない。条例によって、ホテルやレストランには必ず車いす用のトイレが設置され、観光客に人気のアクアバスにもベビーカー、車いす、自転車、何ででも乗ることができる（写真３）。

バンクーバーのアクセシビリティーは日常生活にとどまらない。身体に障害のある人も、アウトドアや旅行などを楽しむことができる。その支援を担っているのが「ディスアビリティー・ファウンデーション」。サム・サリバン元市長が設立したこの財団は、障害のある人でもハイキングやカヤック、パドルボードなどを楽しめるようサポートする。夏には初心者でも気軽にヨットを楽しめるし、上級者はヨットの競技大会に出場できるよう支援する。

カナダ全土30カ所に合計約３００人も

写真３　ベビーカー、車いす、自転車など、誰もが乗れるアクアバス

の大学生やリタイアした技術者のボランティア・ネットワークを持ち、障害に応じたサポート器具を開発して日々の活動やアクティビティーの機会を広げ続けている。器具の作り方はウェブサイトで公開。ワークショップや講演会などを開催し、障害のある人たちがより活動の幅を広げられるよう支援している。

「自分がやりたいことに取り組んだら、ほかの人にも役に立った」とサリバンは言う。誰もが幸せに暮らせる街づくりを、市民が支え合って実現しているのだ。

観光局の「エネルギー担当職」

こうした流れを受け、観光局でも画期的な取り組みが始まった。五輪開催から2年後の2012年、バンクーバー観光局に北米で初めて、環境問題を専門とした「エネルギー担当職」が設けられたのだ。そのポストに就いたのが、今もサステナブル観光地開発担当マネージャーとして観光局で働くグウェンダル・キャステランだ。

バンクーバー五輪を契機に目標として掲げられた「世界一グリーンな都市」。バンクーバー観光局も行政とともに、目標達成に向けた体制を作った。キャステランは担当職に就いたときから一貫して、市や民間企業と連携し、サステナブルな観光の実現に取り組んできた。

バンクーバー観光局が当初から追求してきたのが、快適で住みやすいと心から思える「幸せな暮らし」と、サステナブルな観光の両立だ。住民が何を望んでいるか、未来のために何をするべきか、観光はコミュニティーと一体であるべきだという考え方が背景にある。そのためバンクーバー観光局はKPI（重要業績評価指標）として、従来の観光客数や収益に加え、観光に対する住民の満足度と、観光事業者によるサステナビリティー対策の成果を測定することにした。「幸せな暮らし」を目指す観光の評価基準を明確にしたのだ。

観光客が増加するなかで、住民が観光をめぐってどのようなメリット、デメリットを感じているのか、オーバーツーリズムの兆候はないかなど、第三者機関を通じて住民に聞き取り調査を行う。一方で、観光事業者への啓蒙活動の効果は認定プログラムで測定する。環境対策、社会課題の解決、アクセシビリティーなど、サステナビリティーに関わる八つの認定機関のプログラムを活用し、ホテルやレストラン、アトラクションなど観光従事者にその基準を満たすよう働きかけてきた。認定を受けたメンバーはウェブサイトで公表し、それぞれのコミットメント（意思表明や取り組み）について発信の場も与える。

バンクーバー観光局が採用するサステナブル関連の認定プログラムは次の八つだ。

1　持続可能なビジネス
2　環境対策の優れたホテル
3　環境対策の優れた会議施設

4 グリーン・ツーリズム
5 持続可能なシーフード
6 社会課題の解決に貢献する企業
7 企業の温室効果ガス削減管理
8 アクセシビリティー

これらエネルギーからアクセシビリティー、社会課題の解決も視野に入れた幅広いKPIは、SDGsという言葉が使われるずっと前から、バンクーバーが将来にわたって持続可能な観光を目指していたことを示している。バンクーバー観光局は行政と歩調を合わせて、観光客、観光事業者、受け入れ側の三者に働きかけながら、観光の力で幸せな街づくりに取り組んできた。

キャステランは「コミュニティーこそがメインの観光素材です」と語る。テーマパークも何もないバンクーバーにとって、ここで生きる人たちの生活や幸せ、暮らしやすさこそが一番の観光素材なのだ。だからバンクーバー観光局のKPIは重い意味を持つ。住民は街の文化を体現し、旅行者は街のライフスタイルに溶け込みたい。だとすれば、住民が観光に影響力をもつのは当然のことなのだ。

キャステランによれば、バンクーバーの主要産業のなかで、観光は最も住民満足度の高い産業なのだという。冬季五輪で多くのボランティアが参加したことをプログラムとして発展させたことで、バンクーバー観光局では今も２００人以上の住民ボランティアが「アンバサダー」として活躍してくれている。

アンバサダーたちは、観光案内所での案内にとどまらず、街中を歩きながら「移動観光局」として、道に迷ったり、どこに行けばいいのかわからなくなったりしている観光客をサポートしている。住民ボランティアであるアンバサダーは、街をよく知るエキスパートだ。

社交的で、観光客との出会いを楽しむ住民が、その土地に誇りをもって旅行者を歓迎する文化がバンクーバーには定着している。人と人がつながり、交流する、観光のメリットを住民が十分理解しているからこそ実現できた姿だろう。

環境への配慮に世界が注目

行政と観光局が歩調を合わせるだけではなく、「幸せな暮らし」を実現するためには企業などビジネス界の協力も不可欠だ。だからキャステランの役割は、バンクーバー市やブリティッシュ・コロンビア州の政府だけでなく、地元企業の様々な部門の担当者と会い、サステナビリティーにおいて共通の利益に基づく連携の機会を見つけること。当然、毎日がミーティングの連続になる。

「観光局は、土地や建物など有形な資産は何も所有していないが、ビジネス界との幅広いパートナーシップという強力な無形資産があります」とキャステラン。その取り組みが結実した事例がある。

2018年、バンクーバー・コンベンション・センターで国際会議「GLOBE 2018」が開催されるのをきっかけに、キャステランら観光局はプラスチック削減の啓蒙活動「プラスチック・ワイズ」を始めていたバンクーバー水族館と連携し、市内の企業やホテル、レストランに使い捨てプラスチックの削減を呼び掛けた。それぞれの施設が自主的にプラスチック製のボトル、カップ、ストロー、食器やナイフ、フォークの使用をやめた結果、「GLOBE 2018」の参加者から好評を博すことになった。

この成功をきっかけに、バンクーバーでは環境に配慮したビジネスイベントが開催できるという評判が広がった。その後、「サステナブル・ブランド国際会議」や「国際鳥類学会議」などもバンクーバーで開催された。主催者や参加者たちは、自分たちの地元でも、もっとグリーンで持続可能なビジネスを推進したいと考え、サステナビリティーが世界に広がっていくことにつながった。

バンクーバー市も観光局の呼びかけを受けて、2020年、使い捨てプラスチックの使用を条例で禁じることを決めた。観光の力が、より持続可能で快適な街の暮らしへの変化を引き起こした事例と言えるだろう。

バンクーバー観光局は観光客の誘致だけではなく、持続可能な観光地開発へとその役割を広げている。交通、建物、食やリサイクルなどへの施策が浸透するにつれ、バンクーバーはサステナブルな観光地となった。今、バンクーバーのサステナビリティーは強力な観光ブランドとなっている。

バンクーバー出身のキャステランは、バンクーバーの歩みにおいて、1986年のバンクーバー国際交通博覧会と2010年のバンクーバー冬季五輪が大きな転換点になったと感じている。交通をテーマにした万博がきっかけとなって、現在の公共交通やホテルなどのインフラが整った。また五輪を通じ、市民が主体的に環境対策に取り組んだ。「GLOBE 2018」の会場となったバンクーバー・コンベンション・センターはもともと、五輪のメディアセンターとして整備された施設で、LEED（米国グリーンビルディング協会）からダブル・プラチナ認定を受け、屋上の緑化や徹底した省エネやリサイクルの取り組みを続けている。行政から観光へ、観光から行政へ、という循環がそこにはある。

キャステランは、「観光はアイデアをシェアするビジネスだ」と言う。カナダ各地、いや世界各地でそれぞれの成功事例を分かち合おうということだ。「バンクーバーを訪れて、サステナブルなライフスタイルを体験した旅行者が、地元に帰ってその考え方を広げていく。観光によってサステナブルな取り組みが世界に広まっていくでしょう」とキャステランは言う。

今、観光におけるサステナビリティーは、バンクーバーからカナダ全土の観光業界に広がりつつある。全国の観光関係者によるカンファレンス「IMPACT サステナビリティー・トラベル＆ツーリズム」が開催されるようになり、2021年11月には国際レスポンシブル・ツーリズム会議がブリティッシュ・コロンビア州のオカナガンで開催されることが決まった（新型コロナウイルス対策のためオンライン開催に変更）。ウィスラーなどのリゾートは以前から環境対策やアクセシビリティーに取り組んでいる。そしてバンクーバーの取り組みに触発されるように、モントリオールやトロントといったカナダ有数の大都市も、サステナブルなプログラムの開発を積極的に推進し始めている。

サステナブルでなければ損失を生む

バンクーバーは、北米で最もサステナブルな都市の一つだ。「世界一グリーンな都市」を目指した結果、２００７年から２０１８年までの間に徒歩、自転車、公共交通の利用者は全体で53％にまで増え、その結果、温室効果ガスは12％（1人当たりでは20％）減少した。温室効果ガスが減ったのに、市の人口は10％増、雇用は13％増、ＧＤＰは38％増加した。グリーンな環境での快適な生活を求めて優秀な人材が集まり、バンクーバーに拠点を置く企業も増えた結果だ。豊かな人材と企業の存在によって新しいテクノロジーが開発され、環境分野の新しいビジネスが創出されている。

バンクーバー市の環境対策への予算は、２０１９年の時点で年間約１００万カナダドル（約８８００万円）。総予算のおよそ６％にすぎない。一方で、バンクーバーがサステナブルな都市であることによるブランド価値は3億1000万米ドル（約340億円）と試算されている。

バンクーバー市でサステナビリティー部門の責任者を務めるダグ・スミスは言う。「サステナビリティー対策はコストをはるかに上回る収益をもたらします。サステナブル対策を行わないことこそがコストであり、損失なのです」

環境対策にはコストがかかり、予算の使い方として反対を受けると思われがちだ。しかしダグの答えはノーだ。「これまでのサステナビリティーにおけるバンクーバーの成功は、すべて市民が望んだことを実行した結果なのです」

この10年間で、「世界一グリーンな都市」を目指し2020年までに達成を目指して掲げた目標の8割以上は実現できたという。そして、2015年11月に新たにバンクーバーが打ち出した「再生可能都市戦略」では、2050年までに市内で消費されるエネルギーのすべてを再生可能エネルギーに切り替えることを目標に掲げている。市内の温室効果ガス排出量も2007年を基準に最低でも80％削減することを目標とした。バンクーバーの二酸化炭素排出量の約60％はビルなどの建物から排出されているため、暖房や温水に必要な電力を再生可能エネルギーに転換することで、大きな効果が期待できるという。また、廃棄物ゼロは2040年までの達成を目指している。バンクーバーはより快適で安全な都市を目指し、行政、企業、市民が一体となって、イノベーションに取り組み続けている。

写真４　オーシャンワイズ・シーフードの認証ロゴ

オーシャンワイズ

サステナブルな社会を目指す動きの一例を見てみよう。バンクーバーのなかでも、トップランクと位置付けられるシーフード・レストラン「Ｃレストラン」でエグゼクティブ・シェフを務めていたロブ・クラークが、２００５年にバンクーバー水族館とともに創設したプログラムが「オーシャンワイズ」だ。バンクーバー水族館の協力を得て、「レストランのメニューの一品からでいい、サステナブルなシーフードを使うよう変えていこう」と呼びかけたのだ。

海の生態系を壊さない、環境に優しい漁獲方法や養殖方法で獲られたシーフードを使ったメニューや商品には、「オーシャンワイズ」の認定マークを付けられるというプログラム（写真４）。具体的には、海底の生態系を破壊しない獲り方であること、対象の魚種以外の生き物に悪影響を与えない漁法であること、豊富で回復力のある魚介類であること、管理の行き届いた漁業が行われていることが基準となる。交通博や五輪をバネに、市や観光局が推進してきたサステナブルという考え方は、バンクーバーの「売り」である「食」の世界にも浸透していった。

Ｃレストランで働いていた頃、クラークは仕入れる魚介の味や品質が日によって違うことから、どこでどのように獲られたものなのかを知りたいと考えるようになった。そしてクラークは、質の良い魚もそうでない魚も、同じように扱われて卸されていることを知った。

一本釣りされた魚は一つ一つ丁寧に処理されるが、大きな網で一網打尽にするような漁法では、魚へのストレスも大きく、魚同士が網の中でぶつかって傷んでしまう。それに、そんな漁法を続ければ、いずれ魚はいなくなってしまう。

「今あるシーフードを次の世代も、その次の世代も食べ続けられるようにしたい」。どうしたら環境に悪影響を与えない方法で獲られたシーフードだけを提供できるだろうか、そしてそれをどうやってお客に伝えることができるだろうか。クラークは当時バンクーバー水族館で働いていた生物学者のマイク・マクダーミッドに相談した。それがきっかけとなってクラークはバンクーバー水族館と協力し、６軒のレストランのシェフの参加を得てオーシャンワイズを立ち上げたのだ。

オーシャンワイズへの賛同者は、15年あまりでレストランや流通業者、スーパーなど

700以上のパートナー企業を数えるまでに広がった。そして、3000以上のパートナー施設でオーシャンワイズ・シーフードのロゴを使用している。カナダにおいて「オーシャンワイズ」は今や、「サステナブルなシーフード」の代名詞だ。シーフードを買ったり注文したりする際、「これはオーシャンワイズ?」と確かめる人もいる。

シーフードで知られるグランビル・マーケットのレストラン「ザ・サンド・バー」のエグゼクティブ・シェフ、ウェズリー・デニスも「オーシャンワイズは僕の人生の一部だ」と語る。オーシャンワイズに深く関われば関わるほど魚に対する知識も増えた。魚を仕入れるたびに持続可能な方法で魚を獲ってくれる漁師に敬意を払うようになったという。

「オーシャンワイズの漁法では、網の代わりに釣り糸を使います。環境に優しいだけでなく、食材としての魚の品質も向上します。オーシャンワイズこそ、シーフードのクオリティーの高さを未来へとつなげる方法だと思います」

オーシャンワイズの取り組みが海の生態系にどの程度、プラスの影響を与えているのか、まだデータはない。しかし、消費者やサプライヤー、業界団体がオーシャンワイズに賛同したことで、漁師たちも意識改革を迫られることになった。そしてバンクーバーを訪れる観光客は、レストランのメニューでオーシャンワイズのロゴに触れ、サステナブルなシーフードを選択することができるようになった。オーシャンワイズは、観光客と受け入れ側の双方が、ともに海の資源を守ろうという考えを共有するきっかけとなったのだ。観光客もオーシャンワイズを理解することが、結果的に海を守る行動につながる。

一流レストランを離れたクラークは、生物学者のマクダーミッドとともに「フィッシュ・カウンター」という小さな魚屋を開店した。フィッシュ・アンド・チップスも販売する魚屋には、サステナブルな漁法で獲られたサーモンやタラ、オヒョウなどが小さなガラスケースの中に並ぶ。年配の夫婦や、子供をベビーカーに乗せた家族連れなどが品定めをする。そしてフィッシュ・アンド・チップスを楽しめる小さなイートインのコーナーも住民や観光客でいつも満員だ。

2021年2月、クラークはフィッシュ・カウンターの共同経営者の立場を退いたものの、彼が種をまいたオーシャンワイズの取り組みは既にカナダ全土で花開いている。サステナブルなシーフード。それは特段の観光スポットを持たないバンクーバーにとって、大きな観光資源となっている。

ファーム・トゥー・テーブル

ダウンタウンにあるレストラン「フォレッジ」のシェフ、ウェルバート・チョイは、今の農業や漁業、そして大地の恵みを採集して食べるフォレッジ（forage）を次の世代に残すことが、バンクーバーで働く料理人の責任だと考えている。テーブルに並べられる彼の料理は、地元の農家や漁師から直接仕入れた新鮮な旬の食材だ。サステナビリティーをメイン・コンセプトとしたこのレストランは住民からも旅行者からも大人気で、週末の朝もたくさんの客でにぎわう。

チョイは、地域に優しく持続可能な農法を営む農家や採集家、オーシャンワイズに沿う漁法を営む漁師たちとの信頼関係によって、自分の料理が支えられているという。このトマトがおいしいのは、誰がどこでどうやって育てたから。このサーモンがおいしいのは誰がどこでどうやって釣ったから。皿の上の、一つ一つの食材の物語を、チョイは優しい笑顔で語る。

豚は一頭買いし、すべての部位を使って料理する。骨もスープにするなど食材は無駄なく使う。ジャムやピクルス、ハムなどもすべて手作り。生ごみも堆肥にするという徹底ぶりだ。

クライメート・スマート社の調べによると、「フォレッジ」のあるリステルホテルでは、2005年度から2017年度にかけて、建物から排出される温室効果ガスを30%削減した。また、ヒートロスは22%、ごみは95%、紙の消費も84%削減している。

ヘルシーでサステナブルな「食」は、「世界一グリーンな都市」にとって重要な取り組みの一つだ。食材を無駄なく、環境に悪影響を与えず、二酸化炭素排出を抑えた方法で、そして多様な文化を取り入れた自由で上質な料理として提供する。これもまた、バンクーバーの大きな観光資源と言えるだろう。

「食」からの社会課題の解決

　バンクーバーにおける「食」は、幸せな暮らしを実現するためのツールともなっている。例えば「ソールフード・ストリート・ファーム」は、北米で最大のアーバンファーム（都市農業）の協会だ。使われていない市の空き地やビルの建設を待つ遊休地などを利用し、野菜を栽培する。ここで土と向き合っているのは、薬物中毒や精神疾患と戦う人たち。こだわりのフルーツや野菜は品質が高く、ファーマーズマーケットや地元レストランで高い人気がある。２００９年の設立以来、市内の農場を結ぶネットワークを構築し、彼らの社会復帰を支援している。

　非営利団体による「イースト・バン・ロースターズ」は、フェアトレード（公正な取引）に基づくオーガニックでエシカル（倫理的）なカカオ豆を使ってチョコレートを製造・販売するだけでなく、ＤＶ（ドメスティックバイオレンス）や貧困に苦しむ女性たちのチョコレートづくりの職業訓練の場でもある。

　バンクーバーでは都市養蜂も盛んだ。２００５年に市は都市養蜂を許可し、これを受けて「フェアモント・ウォーターフロント・ホテル」や「バンクーバー・コンベンション・センター」で北米初の屋上養蜂がスタートした。

トラウマをかかえ精神的に苦しむ人々や、住む場所を失い危機的状況にある人々が社会とのつながりを取り戻せるよう、都市養蜂を通じて支援する「ハイブズ・フォー・ヒューマニティー」など画期的な非営利団体も登場している。養蜂による治療効果を体験し、都市養蜂による商品づくりに関わりながら自然とのつながり、人とのつながりを育むメンターシップ・プログラムだ。問題を抱えている人々に、地域の持続可能な経済活動への参加を促す役割を担っている。

バンクーバーを代表する一流ホテル「フェアモント・ウォーターフロント・ホテル」による都市養蜂の取り組みは、幸せな暮らしにも深く関わっている。1996年、このホテルがバンクーバーで初めて設けた屋上菜園では、リンゴやイチゴなどの果物や、ローズマリーなどのハーブが育てられている。その一角には地元の先住民、スコーミッシュ族の薬草も植えられている。養蜂をはじめ数百種類の野生のハチの休憩所も設けられている。

ここではホームレスの人たちも働いている。ハイブズ・フォー・ヒューマニティーがその仲介に当たっている。ホテルの宿泊客は、希望すればホテルの養蜂責任者から養蜂のトレーニングをしてもらうこともできる。夏には養蜂のレクチャーと特別メニューが楽しめる宿泊プランが人気で、一泊につき10ドルが宿泊料金からハイブズ・フォー・ヒューマニティーに寄付される仕組みだ。

変わる水族館

最後に、市民の人気を集めるバンクーバー水族館を紹介したい。２０１７年、この水族館は集客の要だったベルーガ（シロイルカ）をはじめ、クジラやイルカの展示を完全にやめることを決めた。水族館の役割は、ベルーガやクジラを見せることではない、海の環境や生態系の保護の必要性を伝えることだと考え、１８０度舵を切ったのだ。

現在、バンクーバー水族館はそのミッションを、海の環境保全への啓蒙活動と見定めている。人々が海への理解を深め、その神秘を発見し、恵みに感謝する機会を与え、世界のコミュニティーが環境保全へと行動を変えていくことを促そうとしているのだ。

バンクーバー水族館の経営にあたっていた自然保護団体「オーシャンワイズ」。２０１９年2月、そのＣＥＯ（最高経営責任者）に就任したラッセ・ギュスターヴソンは、「生涯筋金入りの環境活動家」を自任する。ところがバンクーバー水族館に来る前のギュスターヴソンは、ＷＷＦ（世界自然保護基金）やグリーンピースで30年近いキャリアを積んだにもかかわらず、気候変動や生態系の保護において状況を進展させられたとは思えなくなっていたという。

環境活動は、グリーンピースのような団体の支持者や特定の専門家、政治家らによる「閉じた世界」にとどまってしまっているのかもしれない。環境問題の解決には一般市民を巻き込む必要があると確信したギュスターヴソンは、バンクーバー水族館のＣＥＯとして働くことを決意した。

ギュスターヴソンの主導で、バンクーバー水族館はプラスチック使用を減らす「プラスチック・ワイズ」という取り組みに着手した。水族館が市民に呼びかけて海岸の清掃を始めると、市が呼応して使い捨てプラスチック不使用のための条例が制定される。水族館と市民、行政が連携する好循環が生まれていった。

ロブ・クラークが始めた「オーシャンワイズ・シーフード」のプログラムも、水族館が担うようになった。前述したように、15年あまり前に始まった「オーシャンワイズ・シーフード」は、今やカナダ全土3000カ所で展開されている。

「なにも人生を変える必要はない。小さな選択の積み重ねで世界は変わるということを知ってもらいたいのです」とギュスターヴソンは言う。

他国の水族館ともパートナーシップを結び、プログラムを広げる取り組みも展開した。「小さな選択の積み重ね」を続ける水族館の姿勢が共感を呼び、パンデミックで休館する前には、地元住民や観光客約100万人が毎年、バンクーバー水族館を訪れるようになっていた。

2020年、新型コロナウイルスの感染拡大によってバンクーバー水族館が閉館の危機に追い込まれたとき、市民は自分たちの水族館を守るべく声をあげた。するとバンクーバー市内だけでなく、内外からも多額の寄付が集まった。

そして2021年4月、水族館やテーマパークを運営するアメリカ企業「ハーシェンド」

による買収と資金投入が決まり、バンクーバー水族館はこれまで通りの運営が続けられることになった。ギュスターヴソンが率いる「オーシャンワイズ」も、水族館の収益から寄付を受けながら、独立したＮＰＯとして自然保護活動を続けている。

ベルーガやイルカの展示をやめ、海のサステナビリティーを世界中に呼びかけることを使命にしようと決めたバンクーバー水族館は、もはや単なる展示施設ではない。理想を掲げる水族館は、幸せに暮らしたいと願う市民にとって守るべき、誇るべき施設になっていたのだ。

バンクーバーのサステナビリティーは、いわば筋金入りだ。サステナビリティーという言葉が使われるずっと以前、１９６０年代からそうした潮流がここにはあった。考えてみると、１万年以上前から先住民は、自然の恵みに感謝しながらここで毎年遡上してくるサーモンを食べ、森の木々から衣服や道具を作って暮らしてきた。この地には脈々とサステナビリティーの精神が息づいてきたように思えてならない。

グリーンでサステナブルな街、多様な人々が生き生きと幸せに暮らす街は、観光客を惹きつけてやまない。バンクーバーを訪れた観光客は、バンクーバーが発するメッセージを世界中に運んでくれるだろう。住む人にとっての「幸せな暮らし」こそが、最大の観光資源だということを。

第６章

ハイダグワイ
Haida Gwaii

伝統を守り抜く、
立ち入らせない観光

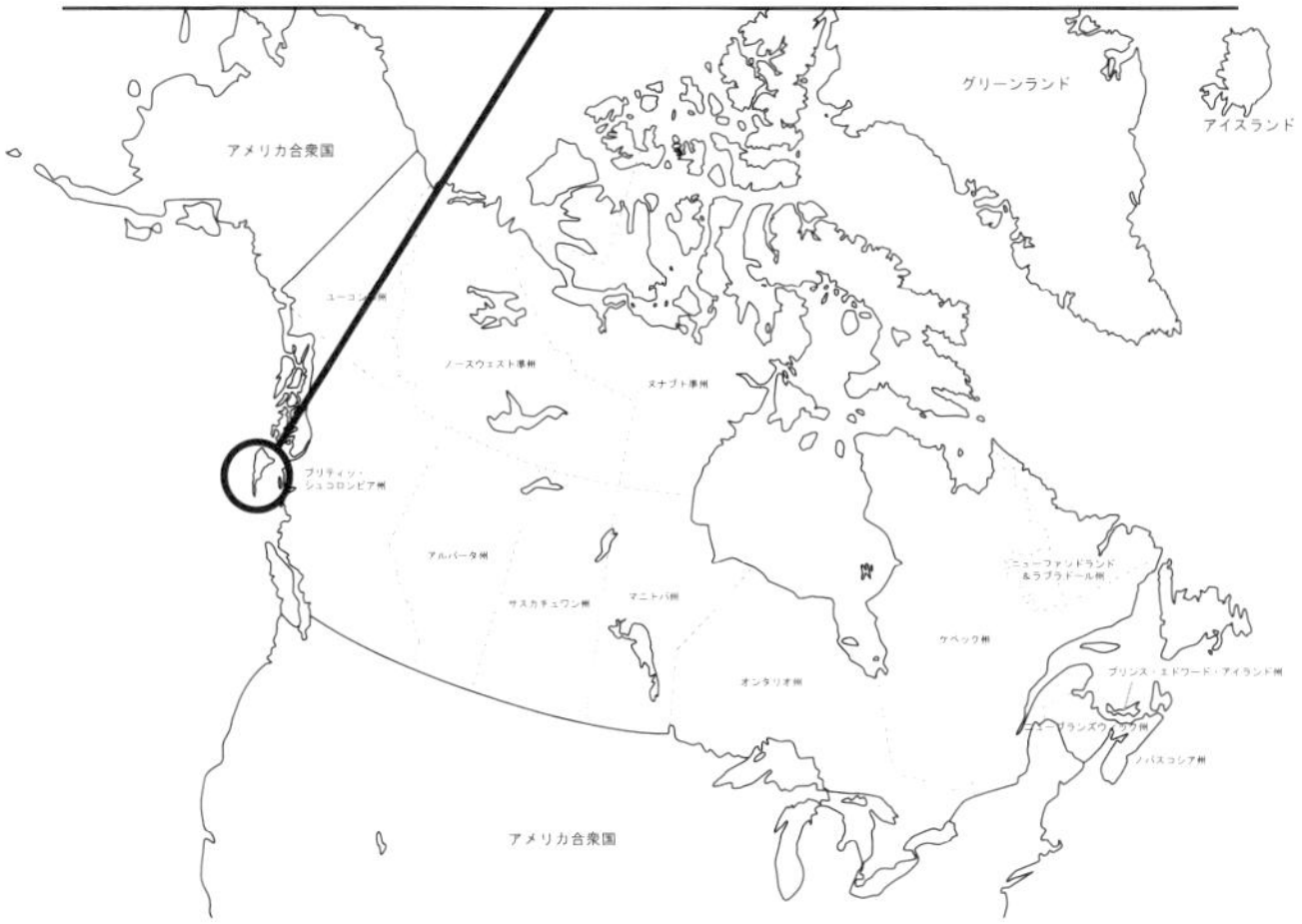

ハイダグワイ

旅行者にはその土地の文化、歴史、自然を知り、敬意を払い、責任ある旅行者として振る舞ってほしい。そんな理想的な観光を実現した、虐げられた歴史を持つ島の人々。

カナダの西、太平洋に浮かぶ世界遺産の島「ハイダグワイ」は2020年、新型コロナウイルスの感染拡大を受け、島と本土との扉を閉ざすことを宣言した。世界中の多くの国や自治体が「境」を越える往来を制限したものの、一方では経済を動かすために、制限と緩和のバランスを取っている。しかしハイダグワイは、「島の境を開けるのは我々の準備が整った時だ」として、外部の人間が島に入ることを断固拒絶したのだ。

漁業、林業と並び、観光はハイダグワイの基幹産業の一つ。ハイダの人たちは経済的なデメリットは覚悟の上で島の扉を閉ざした。ハンターや釣り人が勝手に上陸しないよう沿岸のパトロールまで行っている。

彼らにはそうするだけの理由と権利がある。19世紀、先住民ハイダ族が暮らすハイダグ

こんな観光地

長くイギリス風に「クイーンシャーロット諸島」と呼ばれてきたこの群島は2010年、「人々の島」を意味する「ハイダグワイ」に改称された。島を訪れる観光客は、自分たちの島のあるべき名前を取り戻した先住民ハイダ族から、トーテムポールの文化や伝統の踊り、そして自然とともにあるハイダの高い精神性を教えてもらう。

ワイは、ヨーロッパから持ち込まれた天然痘などの感染症によって人口の95%を失った。免疫を持たない彼らはたった600人ほどしか生き残れなかった。その後、彼らのトーテムポールは切り倒され、神聖な土地から引きはがされ、国内外の博物館へと運ばれた。ハイダ文化の継承までが禁じられた。白人による同化政策だ。

だから自分たちの文化を取り戻し、世界遺産の島となったあとも、ハイダの人たちは観光において厳格な「線引き」を続けてきた。立ち入れる時期を制限し、立ち入れる人数を制限し、立ち入れるエリアを制限した。自由に往来できるのはハイダ族の人間だけであり、観光客には常にハイダの土地と人と文化へのリスペクトを求めてきた。観光客も当然のこととして、これに従った。

人間が地球上で生き続けるためには、あ

らゆる面でサステナブル（持続可能）であることが求められている。ハイダグワイは、ハイダ族が長く幸せに生き続けられることを何よりも優先して観光に向き合ってきた。だから厳格に島の扉を閉ざす理由の一つに、ハイダの伝統と知恵を受け継ぐエルダー（長老）たちの存在を挙げるのだ。「ハイダ語を話せるエルダーは今や十人に満たない。彼らの存在は貴重であり、彼らを守らなければならない」とハイダの人々は言う。

ハイダ族が実践してきた観光は、観光客、地元住民、観光事業者が互いに責任を持つレスポンシブル・ツーリズムそのものだ。お互いが納得して訪れ、受け入れてこそ、心からのおもてなしが生まれ、心豊かな旅が実現する。ハイダグワイが守り続ける「立ち入らせない観光」はまさに、コロナ禍を経験した世界が迎える「ニューノーマル」の時代の観光に大きな指針となるはずだ。日本、そして世界の観光が息を吹き返すモデルになると信じて、「人々の島」を意味するハイダグワイの話を紹介したい。

白い貝殻の先には入れない

ハイダグワイはかつて、200年以上にわたってクイーンシャーロット諸島と呼ばれていた。イギリスに「シャーロット」という名前の「クイーン」がいたことがその由来だ。しかし2010年、ハイダ族はその名を正式に返還し、本来のハイダ語の名前に戻した。

ハイダ族の文化と歴史に敬意を表するため、「女王の島」は「人々の島」を意味するハイダグワイに改称された。

南のモレスビー島にあるスケダンスという場所にはかつて、ハイダ族の集落があった。数家族がともに暮らす大型の木造家屋が並び、その前には鮮やかに彩色された巨大なトーテムポールが林立していた。もちろん今は廃墟だ。島全体で人口の9割以上が亡くなったのだから当然だろう。時を経てスケダンスには、朽ちて倒れ、苔むしたトーテムポールや住居跡に触れてみたいと考える観光客が訪れるようになった。

ハイダグワイで免許を持つ観光事業者は22社あるが、ハイダ族が経営するのは「ハイダスタイル・エクスペディション」1社のみ。同社のツアーでは、ハイダ族出身のガイドがつき、現地スケダンスで案内をする。ハイダ以外の人間がスケダンスの集落跡でハイダについて語るのは禁じられた行為なのだ。

港に集合し、ハイダスタイル・エクスペディションが用意した小型のボートに乗り込む。船は途中、激しく揺れるため、防寒具や長靴を身に着ける。常に波しぶきに襲われるのでゴーグルの着用も必須だ。そうやっておよそ2時間、海の上を走り続け、港もはしけもない砂浜に船は到着する。かつてのハイダ族の集落スケダンスだ。

私が参加したツアーのガイドは、ハイダ族のジャアッド・トラウという女性だった。「私の名前はハイダ語でマテリアル・ガールという意味です」と自己紹介すると、10人ほどのツアー参加者が全員笑った。

写真１　白い貝殻の向こうに観光客が立ち入ることは許されない

マドンナのヒット曲「マテリアル・ガール」は愛よりも物欲の強い女性のことだろうが、「ジャアッド・トラウ」とは、正確には「大いなる富を持つもの」のことだ。しかもその富とは、スプルース（トウヒ）という樹木にすぎない。彼女は、スプルースの根を材料に、部族のチーフの衣服や帽子、籠などを作る職人一族の出身なのだ。

ジャアッドの後について海岸から少し島の内部に分け入り、周囲を散策する。すぐにジャアッドから私たち観光客に注意事項が告げられた。「白い貝殻の先には絶対に立ち入らないでください。それができるのはハイダの人間だけです」

人の足で踏み固められた遊歩道のような土の道の左右には、確かに白い貝殻が「境界線」として並べられている（写真1）。その向こう側には草が生い茂っており、明らかに人が立ち入っていないことがわかる。はるか昔からハイダ族が暮らし、伝統と文化を受け継ぎ、祖先が命を落とした土地。たとえ廃墟となっていても、ハイダ以外の人間が一歩でも足を踏み入れることは許されない。

白い貝殻の向こう側には、かつて色鮮やかだったはずのトーテムポールが倒れたり、傾いたりしている。既にすべての彩色を失い、白く乾いて、死者の骨のような肌を見せている。ジャアッドは貝殻の向こう側、朽ちたトーテムポールの側に1人立って口を開いた。

「今生きている私たちは、伝染病を生き残った一割にも満たないハイダの末裔《まつえい》なのです」。彼女は12歳の時、曽祖母から一族の歴史や伝統、そして「家督」を引き継いだのだという。

曽祖母はジャアッドに、一族の悲しい体験を伝えた。彼女がまだ若いころ、白人が持ち込んだ感染症にかかってしまい、何カ月もの間、生死の境をさまよった。一命をとりとめた彼女が直面したのは、家族や親戚のほとんどがこの病気で命を落としたという現実だった。彼女は生き残っためい2人を養子にして一族の血筋をつないだ。そうして今、その系譜を担っているのがジャアッドなのだ。

曽祖母が亡くなった後、ジャアッドは織物について学び、ハイダの伝統的な図柄や技法を復活させた。だが既に、ハイダ族はあまりにも多くの伝統を失っていた。ジャアッドはハイダの伝統を追って、カナダ国内の博物館はもちろん、ロンドンの大英博物館にも足を運び、ハイダグワイから持ち去られた織物の展示を見て独学で勉強を続けた。夏は観光ガイドの仕事をしながら、失われつつあるハイダ語も学んでいる。

大きく斜めに傾いたトーテムポールには、何本もの溝の輪＝リングが刻み込まれている。ジャアッドによればこのリングは、部族のチーフが生涯に何回「ポトラッチ」を催したかを示しているという。

ポトラッチとは、ハイダ族が行う盛大な宴会のことだ。何か大きな出来事が起きたとき、ハイダのチーフはみんなをポトラッチに招き、その出来事の証人になってもらう（写真２）。お礼としてチーフは豪華な料理を食べきれないほど提供し、山のような贈り物を分け与える。チーフはポトラッチに集まってくれたハイダの人たち全員に蓄えてきたものをすべて

写真２　現代のポトラッチ（オールド・マセット）。伝統の歌や踊りが受け継がれる

を与え、その財産を失う。代わりに彼は、人々からさらなる尊敬を手にすることになる。

「寛大に与え尽くすことで尊敬と地位を獲得してきたハイダの社会と、利潤追求型の貨幣経済や個人主義が主流の欧米とでは、価値観が全く違うことがわかってもらえると思います」

ジャアッドはこう語るが、このポトラッチすら白人によって長い間、禁止されていた行為だった。1885年、当時の宣教師や政府の役人は「浪費を促し、非生産的で非文明的な悪習で、文明化と布教の障害になる」としてポトラッチを禁止した。それは1951年まで続いた。ポトラッチだけではない、クレスト（家紋）や一族の歴史を刻んだトーテムポールも、宗教上の偶像崇拝だとして禁じられた。だから、ハイダのストーリーはハイダによって語られるべきだとジャアッドは言う。

歴史は勝者によって作られる。これまで語られてきたハイダの歴史は、白人の側から見えるハイダの歴史にすぎないという指摘には説得力がある。

「先住民の真実に光を当て、和解を求める運動が今日、カナダ全土で起こっています。前に進むために観光はとても重要です。旅行者がハイダグワイを訪問し、見たこと、経験したことを、家に帰ってから周りの人にも伝えてくれることが、こうした潮流を後押しするのです」

そしてジャアッドは言う。「万物はスプルースの根のように絡み合い、つながっているのです」。大いなる富＝スプルースの根のごとく、人と人が出会い、つながり合うことで未来を変えることができるという意味だろう。

見張り続ける人たち

朽ち果てたかつての集落スケダンスには、「ギティン・ジャアド」というハイダ族の名前を持つキャロル・クロスビーという女性が、夫とともに「ウオッチマン」として駐在していた。

かつてハイダの村には、外敵に備えた見張り役＝ウオッチマンが配置されていた。そのことを象徴するように、ハイダ族のトーテムポールの一番上にもしばしば、レッド・シダー（ベイスギ）の樹皮で編まれた縦長の帽子をかぶり、ユーモラスな表情をした3人の男がちょこんと座っている（写真3）。彼らは分担して

写真３　トーテムポールの一番上に彫られたウォッチマン

空、海、陸、それぞれを見張っているのだ。

ハイダの伝統であるウオッチマンの名を冠した「ウオッチマン・プログラム」は1980年代、ハイダ族の主導で始まった。ハイダの遺跡にカヌーなどで人が勝手に入り込んだりしないようにするのが目的で、ハイダ観光の象徴ともいえるユニークなプログラムだ。新型コロナウイルスの感染を防ぐため本土との往来を絶ってから、周辺のパトロールにあたっているのもウオッチマンたちだ。

ギティン夫妻はハイダの自治政府「ハイダ・ネーション」から正式に任命され、スケダンスの海岸近くにポツンと建てられた小さなキャビンで5月から9月までの間、現代生活から切り離された生活を送っている。

「ここはとても穏やかで、心安らかなところ。夏の間4カ月間、ここで暮らせてとても幸せです。私はもう20年以上ウオッチマンをしています」とギティン。もちろん、ウオッチマンになれるのはハイダ族だけだ。通常は先祖との関係や一族の出身地など、関わりが深いハイダがその遺跡のウオッチマンに選ばれる。ギティンの祖父は、スケダンスの集落のチーフだった。

「祖父は持っているものすべてをみんなに振る舞い続けるような、とても気前の良い人でした。まるでブッダのように寛大でした」。彼女の祖父もポトラッチを通じて人々の尊敬を受け、トーテムポールにリングを刻んでいたのかもしれない。

ウオッチマンは、世界遺産に指定されているスカングワイをはじめ、今は廃墟となったスケダンス、タヌー、ルッキャガウガ、ホットスプリングスの五つの主要な史跡に、観光シーズンである5月から9月までの間、配置される。

これらの史跡で旅行者は、ウオッチマンから様々なハイダの物語を聞くことができる。ハイダ族が経営するハイダスタイル・エクスペディションのツアーでは、ハイダ出身のジャアッドがガイドを務めてくれたが、白人など非ハイダが運営するツアーでは、現地のガイド役をウオッチマンに依頼する仕組みだ。

ただし、現代のウオッチマンの使命も、まずは遺跡となった集落を守ることにある。だから12月初旬に公募されたあと、1月から4月までの間、緊急時の応急処置、小型船舶免許、海難救助、船舶無線、電動ノコギリの安全な使用法、クマ対策、食品管理、文化教養といった様々なトレーニングを受けてから任務に就く。そうして現地では、訪れた観光客にハイダの歴史を語ったり、ごみを残して自然や文化遺産にダメージを与えないよう指導したりする。

スケダンスと同様、かつてのハイダの集落であり、世界遺産に登録されたスカングワイがあるグワイ・ハアナス国立公園を例に、ハイダ族がいかに「立ち入らせない観光」に取り組んでいるかを説明しよう。

グワイ・ハアナス国立公園は、カナダ国立公園管理局「パークス・カナダ」とハイダの自治政府「ハイダ・ネーション」が合同で管理・運営している。個人旅行者は、必ず拠点の集落にある公園管理局で事前に1時間半ほどのレクチャーを受けなければならない。

国立公園に入場できるのは1日２００人まで。その枠は個人旅行者に3分の1、一般の観光事業者に3分の1、ハイダの観光事業者に3分の1が割り当てられる。入園料は大人1名約20ドル。カナダのほかの国立公園に比べて2倍ほど高めに設定されている。

ハイダグワイではこのようなルールをしっかりと定めた上で、観光シーズンの間中、各集落跡にウオッチマンを住まわせて祖先の地を守っているのだ。スケダンスで4カ月間、インターネットも携帯電話もないキャビンに暮らし、集落を守り続けるギティンは、自分たちのキャビンに私を招き入れ、古い資料の中にある写真を見せながらこう言った。

「祖父には東洋人の血が入っていました。見てください」

東洋人とはどこの国なのか尋ねると、ギティンのご主人が答えた。「日本人かもしれません。捕鯨や漁業で日本人もこの島に住んでいたから」。あの気前のいいチーフの祖父には、日本人の血が流れているのかもしれない。そう思うと何だか誇らしい気持ちになってくる。

「私たちの物語を私たちから聞いてください（Let us tell our story）」

現地でハイダの人たちから何度も聞いた言葉だ。ハイダのような先住民自身が、自分たちの視点や立場から、その歴史や文化を観光客に紹介する。それは至極当たり前であり、観光のあるべき姿だろう。

写真４　ハイダハウスのレストラン

暮らす人たちが幸せになれるロッジ

ハイダグワイのトゥレル地区というところには、オールインクルーシブの宿泊施設「ハイダ・ハウス」がある（写真４）。４泊のパッケージで１人約35万円から。ハイダグワイ屈指のラグジュアリーロッジだが、それでもパンデミック以前、シーズン中はほぼ満室。１年前までに申し込まないと予約がとれない人気ぶりだった。

かつてはここにもハイダの集落があったが、廃墟となった後、第二次大戦前に牧畜を営む農夫たちが入植してきた。そして１９８０年代、個人経営のレストラン兼ホテルが建設されたが、オーナーが変わるうちに欧米の富裕層を対象としたアメリカクロクマのハンティングロッジとなってしまった。ハンター以外は宿泊することができないロッジだった。

1995年、ハイダの自治政府ハイダ・ネーションは、娯楽を目的としたアメリカクロクマ狩猟の禁止を決定。その上でハイダ・ネーションの公社であるハイダ・エンタープライズ・コーポレーション（HaiCo）を通じてこのロッジを買い取った。

こうしてハイダの人たちはハイダグワイでの最後のクマのハンティング・ライセンスを廃止することに成功し、2012年、ハイダ文化を体験したい旅行者をハイダならではのおもてなしで迎えるロッジ、ハイダ・ハウスとして再オープンしたのだ。

トゥレル地区には現在、アーティストや職人、農家、事業を営む人など、200人ほどが暮らしている。鮮やかな緑の牧草地の向こうに銀色の砂の岸辺が輝き、太古の森をきれいな川が流れる。ハイダ・ハウスのすぐ目の前を流れるトゥレル川には何種類ものサケやマスが遡上する。自然豊かな土地だ。そしてここではもう、クマが撃たれることはなくなった。

ハイダ・ハウスはハイダが経営し、全スタッフの95％以上をハイダが占めている。ハイダ文化を体験してもらうことを目的としており、滞在中はいつでもハイダのエキスパートが伝統文化や歴史、食、アート、クラフトを紹介したり、野生動物観察の案内などをしてくれる。森の木々や海の生き物について学ぶ散策や家庭訪問も好評だ。滞在中のプログラムは宿泊客一人一人の要望に応じてオーダーメイドされる。ハイダが自らハイダの物語を語るべきだという考え方が、ここでも徹底されている。

　収益は、地元のコミュニティーに広く還元される仕組みだ。例えばハイダ・ハウスには大きな売店やギャラリーがない。100人以上のハイダ・アーティストとのネットワークがあり、宿泊客はハイダ・ハウスの中ではなく、自分の足で地元の工房を訪ね、アーティストから直接、気に入った作品や工芸品を購入する。

　希望すれば、ハイダの観光事業者やガイドに依頼して、スカングワイなどの史跡ツアーも手配してくれる。ホテルだけでなく、コミュニティー全体を巻き込んで、旅行者との交流はもちろん、観光の収益が行き渡るよう配慮されているのだ。

　私がハイダ・ハウスを訪れた日、宿泊していたグループは特に織物に興味があったそうだ。だからハイダを代表する織物アーティストをホテルに招き、部族のチーフが儀式で着用するリゲリア（ローブ）を織るデモンストレーションを行い、伝統的な技法やデザイン、模様が示す意味や物語を解説してもらったという。宿泊客からはたくさんの質問が出て会話がはずみ、少人数ならではの内容の濃い講座になったと聞いた。

　シダー（ヒノキの仲間）の樹皮で籠やブレスレットを編む体験講座では、ハイダ語の研究者でもある女性のエルダーが、森で材料を集めるところからすべての工程を解説し、参加者全員の作品が完成するまで半日かけて丁寧に編み方を教えてくれる。ハイダの女性がみなそうしてきたように、お茶を飲み、いろいろな話をしながら手作業をする。親密な時間が流れるなか、クラン（一族）の高い位にある彼女の知恵や人徳に、宿泊客は感銘を受けることになる。

　ハイダ・ハウスの実際の運営に当たっているハイダ・ツーリズムのキャシー・ジェイムズは言う。「先住民観光の良いところは、資源を採り尽くすことなく、自然の恩恵をシェアするのを目的としているところでしょう」

　自然とともに生きてきたハイダの人たちによる観光は、クマを撃って殺すことを楽しむのとはまさに対極にある。彼らは常に、コミュニティーのサイズや提供できるサービスのキャパシティーを考慮し、オーバーツーリズムにならないよう務めている。そして利益がコミュニティー全体に行き渡るような仕組みを大切にする。「サステナブル・ツーリズム」という言葉の登場とは関係なく、ハイダの人たちは当然のこととして、持続可能な

写真５　六つのトーテムポールが立つハイダ・ヘリテージセンター

観光を実践してきたのだ。

ただし、ハイダの人たちがもともと観光客を歓迎していたわけではない。ハイダ文化を学ぶことができる拠点として建設された「ハイダ・ヘリテージセンター」のエクゼクティブ・ディレクター、デイナ・モラエスは、ハイダの各コミュニティーはおしなべて観光客の来訪には消極的だったと断言する。

ハイダの集落を模し、南部の六つの集落を代表する六つのトーテムポールが立ち並ぶハイダ・ヘリテージセンターは、10年余りの準備期間を経て2007年にオープンした（写真5）。センターの使命はこう記されている。「ハイダの人々を形成し、養い、維持する大地と海とのつながりを、ハイダの言語や芸術、そして物語を通して表現し分かち合うこと」

「ハイダにとっては大地と海とのつながりが何よりも重要です。観光客がそれを理解し、ともに尊重してくれる限り、私たちは喜んで扉を開くことができるのです」とモラエス。「このセンターができたことによって、ハイダの人たちの観光に対する考えが変わった。「ハイダの文化を知るために観光客が来てくれるのだと実感するようになった」という。

ハイダグワイの主要産業は、今も天然資源に依存した林業や漁業が中心だ。漁獲量の減少や森林伐採への心配がつきまとうなか、持続可能な観光はやはり島を支える産業として期待されている。だからセンターではハイダ文化の展示だけではなく、人材開発や教育にも取り組んでいる。

夏期には学生を受け入れて研修も行う。「センターで見習いをすることでハイダ文化への理解を深め、自ら発信できるようになります」とレセプション・マネージャーのセラフィン。彼女自身が2年間、ウオッチマンを務め、その後4年間、このセンターで働いているという。その経験からハイダとして語ることに、より自信が持てるようになったというのだ。

センターが実施するスワンベイ再発見プログラムでは、毎年10歳以上のハイダの青少年を対象に、文化継承のためのサマーキャンプを実施している。キャンプではエルダーによる物語の伝承、ハイダ語の学習、自然体験やサバイバル訓練、ロングハウスでの共同生活などを行う。親たちが教えられなくなってしまったハイダの生活文化を次世代に継承するため、70年代に始められた事業だ。多くの子供たちは続けて参加し、ボランティアとしてリーダーになったり、グワイ・ハアナス国立公園の職員やガイドになったり、キャンプでの経験は職業訓練としての成果も上げているのだ。

センター内には教育機関のほか、島で唯一、ハイダ族が経営するあの観光会社ハイダスタイル・エクスペディションや、ハイダグワイ・ウオッチマン・プログラムなどが事務所を構える。ここを拠点に、ハイダ自身が語る観光を支えていく人材が育成されている。

写真6　トーテムポールを制作するビル・リード　© Chris Hopkins

ハイダ文化が復活した理由

ハイダの人たちが自信を持って島に観光客を受け入れ、レスポンシブル・ツーリズムを実践し、観光客にはハイダへのリスペクトを求め、時には島に来ることを拒絶するようになるまでに、どうしても必要だったことがある。それは白人社会によって否定され、禁止され、継承を妨げられたハイダの伝統、文化の復活だった。それはハイダ族としての誇りを再び手にすることと言ってもいい。なにしろ彼らは、トーテムポールやポトラッチ、言語、歌、踊り、それらすべてを一度失っているのだから。

ハイダ苦難の時代にあって、誇りを取り戻す中心となったのはアーティストだった。なかでもビル・リードという1人のトーテムポール制作者が果たした役割はとてつもなく大きい（写真6）。1920年、ハイダ人の母と、スコットランドとドイツの血を引く父との間に生まれたリードは、先住民社会や文化に触れることなく、カナダの白人社会で少年時代を過ごした。

リードが母親の故郷、ハイダグワイを初めて訪ねた時、既に新たなトーテムポールは立てられなくなって久しく、ハイダの伝統美術は観光土産のアージライト（粘土岩）彫刻や、銀ジュエリーのデザインとして命脈を保っていたにすぎない。そしてリードは、こうした工芸品を制作する祖父に影響されて彫金師となる。これがリードの原点となった。

トロントやバンクーバーの博物館に通い、収蔵されているトーテムポールなどハイダ関係の展示を見て回った。そのなかで特にリードが参考にしたのはチャールズ・イーデンショーの作品だった。イーデンショーは19世紀中頃から20世紀初めにかけて活躍したハイダの芸術家で、リードの祖父の伯父にあたる。イーデンショー作品の研究を通じ、リードは絶えてしまっていたトーテムポール制作のノウハウを身に付けることになる。そして、その技術を弟子や後進のアーティストたちに伝え、トーテムポール文化の復興に貢献したのだ。

1978年、リードは記念すべき時を迎えた。母の故郷の村に自らが彫ったトーテムポールを立てたのだ。ハイダグワイでも大きなコミュニティーの一つであるスキディゲイトに新しいトーテムポールが立つのはおよそ100年ぶりのことだった。

人々が歓喜で見守るなか、70人のハイダの男たちが力を合わせてロープを引き、完成したポールを立てた。スピーチのなかでリードは、ハイダの人々とともにありたいという願いと、とうとう魂の故郷ハイダグワイに戻ってこられた喜びを語った。そしてリードの思いは、レジ・デビッドソンらハイダの男たちに受け継がれていく。

バンクーバー国際空港には、旅行者を迎えるために美しいトーテムポールがたくさん立っている（写真７）。そのなかのいくつかにレジ・デビッドソンの名前がある。曽祖父はチャールズ・イーデンショー。ビル・リードが博物館でその技術を学んだ、あのイーデンショーだ。

レジの兄、ロバートは、ビル・リードとともに活躍した著名な芸術家だ。彼は１９６９年、故郷のオールド・マセットに新しいトーテムポールを立てた。この

写真７　バンクーバー国際空港に展示されるトーテムポール（作：レジ・デビッドソン）

地では実に90年ぶりのトーテムポールだった。エルダーたちが、再びかつてのようにハイダの伝統文化を称える機会を作りたかった、というのがトーテムポール制作の理由だった。14歳だったレジは兄を手伝い、建立された後、その前で兄とともに伝統の踊りを舞った。

レジは17歳で本格的に彫刻に打ち込むようになり、1980年には兄ロバートとともにレインボー・クリーク・ダンサーズというハイダの伝統舞踊グループを結成した。北米各地で依頼を受け、ハイダ文化の象徴でもあるトーテムポールを制作し、伝統の歌や踊りを披露するようになった。彼は日本でもトーテムポールを制作している。

「旅はまさに、出会いと学びの機会でした。我々が何者であるかを直接相手に伝えることができるし、相手の文化を知ることもできます。ハイダグワイで私たちが経験した過去の不幸な出来事は、ほとんどが先住民に対する無知や誤解から起こったことです」とレジは言う。無知と誤解はなぜ生まれるのか。旅をして出会い、理解し合うことで、共感や信頼が生まれる。分断と対立、差別の問題を抱える今、世界にとってますますレスポンシブル・ツーリズムが求められている。

きっかけは世界遺産ではない

1950年代まで、トーテムポールやポトラッチはもちろん、歌や踊り、ハイダ語までが禁止されていた。死にかけていた伝統が息を吹き返し、今日常のなかにあることをレジは心から喜んでいる。「若い頃は、ハイダの歌や踊りができる者がいなかったから、方々からお呼びがかかって大忙しでした。今は、ポトラッチを開けばコミュニティーの誰もが歌い、踊れる。もうあちこちに出かけて行かなくても済むのです」

レジはそう言って相好を崩した。

「ポトラッチなどの場で、歌や踊り、物語が受け継がれていくのです。実践的な経験が必要なのです。そして、自分の孫たちが歌い踊っている姿を見ることが何よりうれしい。娘がよくわかってくれていて、子供たちに教えてくれているから、無理なく自然に次の世代に引き継がれていきます」

レジの愛娘、レスリー・ブラウンはオールド・マセットで、観光シーズンの5月から9月の間、毎週土曜の夜に夫や子供たちとともに、ハイダの伝統文化を観光客に紹介するプログラムを開催している。観光客はハイダの家庭料理を味わい、伝統的な歌や踊りを鑑賞し、衣装や仮面、ハイダ文化についての基礎的な解説、伝説などを聞くことができる。グループの名前は、「デビッドソン・ディセンダンツ（デビッドソンの子孫たち）」という。

レスリーは、ハイダ自身が自分たちの文化を紹介する観光が伝統の継承にとても重要だと語る。「約100年もの間、自分たちの文化を実践することを禁じられた後、ハイダの人たちはようやく安心して、そして自信をもって自らを語ることができるようになりました。伝統や文化を十分に理解していないと、旅行者に伝えることはできません。自らを知り、誠実にハイダ文化の本質を旅行者と共有したいと思うのです」

観光客に自信を持って紹介するために、一生懸命ハイダの伝統や文化を学ぶようになる。レジの言う「実践的な場」が大切なのだ。だからレスリーも「歌や踊りの真髄は動画では伝わらない」と言うのだろう。確かに、体の底から湧き上がる歌声や鼓動、ステップを踏むときに床を伝わる振動は、残念ながら動画では伝わってこない。

「私たちを知ってもらうには、見に来てもらうか、見せに行くかしかない。直接経験してもらうことでお互いに学びあい、心が通じ合い、共通点を見つけていくこともできるのです」

さて、ハイダグワイの南部、グワイ・ハアナス国立公園の最南端にあるスカングワイがユネスコの世界遺産に登録されたのは1981年のことだ。私はハイダグワイが観光産業に積極的に取り組むようになり、レスリーたちが伝統の歌や踊りの継承に力を入れ始めたことに、この世界遺産登録が大きな影響を与えていると思い込んでいた。それをレスリーに尋ねると、ちょっと戸惑ったような表情を見せた。そして彼女は迷わずこう答えた。

「母になったことが、私の転機となりました。3人の息子たちにハイダであることを誇りに思ってもらいたい、息子たちにすべてを伝えたいと思いました。ハイダの伝統文化は、今ようやく、私たち自身の物語となったのです」

ハイダの文化を伝えようと考えたきっかけは、世界遺産ではなく母になったこと。ハイダグワイ滞在中、多くの人に同じ質問を繰り返したが、反応はレスリーと同じだった。破壊された伝統や文化が再生したきっかけは、世界遺産登録ではなかった。原動力となったのは、誇りを取り戻し、愛着ある伝統文化を家族や子供たちへ引き継ぎたいというハイダの人々の強い思いだった。だから彼らは、ハイダの土地と人と文化へのリスペクトを求め、「立ち入らせない観光」を貫き続けているのだろう。

島の扉が開くとき

ハイダの人たちは2020年、「新型コロナウイルスの危険が去った暁には、喜んで島への訪問者を受け入れたい」と語り、島の扉を閉ざした。観光収入は失われたものの、政府の保証によって彼らの生活はなんとか維持されている。むしろ問題は、取り戻したハイダの伝統や文化を直接、世界の人々に伝える機会が失われたことだ。

ハイダの人たちはこの間、SNSで美しい島の景色を発信したり、ウェビナー（オンラインセミナー）を開いたりしてハイダの文化を世界に伝え続けてきた。ハイダをリスペクトし、「立ち入らせない観光」を快く受け入れてくれる人たちを前に、伝統の踊りを舞うことができる日を心待ちにしてきたのだ。

そして2021年7月、ハイダの人たちは、まずワクチン接種を完了したカナダ国内の人を対象に閉ざしていた扉の一部を開き、観光客の受け入れを始めた。6月末までに、12

歳以上の希望する島民全員が2回のワクチン接種を経て免疫を手にできるめどが立ったのがその理由だ。8月23日からはワクチン接種を完了したアメリカ人旅行者を迎え、段階的に海外の旅行者へもその扉を開く予定だ。

ただし、彼らはハイダ以外の人を島に立ち入らせるにあたり、ある条件を設けることにした。それが「ハイダグワイとの誓い（Haida Gwaii Pledge）」だ。島に新型コロナウイルスを持ち込まないようにするのはもちろん、ハイダの人たちやその文化、歴史、自然を知ってもらい、ハイダに敬意を払う責任ある旅行者であることを誓ってもらおうというのだ。「訪問中は、ハイダグワイとハイダのあり方を尊重します」との言葉で始まり、観光客にサインを求める「ハイダグワイとの誓い」には、こんな内容が盛り込まれている。

「感染症対策のガイドラインに従う」「ハイダの権利を尊重する」「相手の意見に思慮深く耳を傾け、穏やかに話す」「禁止されているエリアには立ち入らない」「動物と安全な距離を保って、それ以上近寄らない」「すべての場所や催しに旅行者が入れるわけではないことを認める」「人々や土地を撮影する前に許可をとる」「すべてのオリエンテーションやガイドラインに従う」「人間なら誰もが間違えることがあるが、間違いを犯したら責任を取る」「大地や空や海など、自分の行動が環境に与える影響に配慮する」「立ち去るときにはその場所が来る前よりもきれいになっているように心がける」「与えられたもの以外は、何も持ち出さない」「ハイダに倣って自分が食べるのに必要な分だけを頂く」「地元の事業者から購入し、できるだけ地域にお返しする」など。

14項目に及ぶこうした「誓い」は、考えてみると、世界中どこの観光地を訪れる場合でも、旅する者が心がけるべきことのように思える。「誓い」にサインするには、現地やウェブサイトを通じてオリエンテーションを受けなければならない。その内容は次のようなものだ。

ハイダの起源や受け継がれてきた物語。部族の歴史に重要な役割を果たしてきたレイバン（ワタリガラス）の存在。感染症で多くの命が失われたことや、ハイダをはじめとする先住民に強いられた同化政策。「インディアン・アクト」と呼ばれる先住民や居留地に関する法律など。

さらに、大地と海、空との結びつき。ウオッチマンの制度や、ハイダの人たちが森林伐採に抗議してグワイ・ハアナス国立公園設立にこぎつけたこと。自治政府ハイダ・ネーションやポトラッチのシステム。ハイダの権利、ハイダ語、観光客の心得……。

そしてハイダの人たちはオリエンテーションをこんなメッセージで結んでいる。

「すべてはつながっていることを理解し、ここではハイダの生き方に倣ってほしい」

誰かの大切な土地に足を踏み入れるとき、誰かのふるさとを観光させてもらうとき、その土地と人に敬意を払うのは、考えてみれば至極当然のことだ。ハイダの人たちが実践してきたこと、やろうとしていることは、お互いが敬意をもって接し、共感し、責任を分かち合うレスポンシブル・ツーリズムそのものだ。

第7章

オカナガン

Okanagan

ブドウの木を燃やし尽くした、

農家の覚悟と挑戦

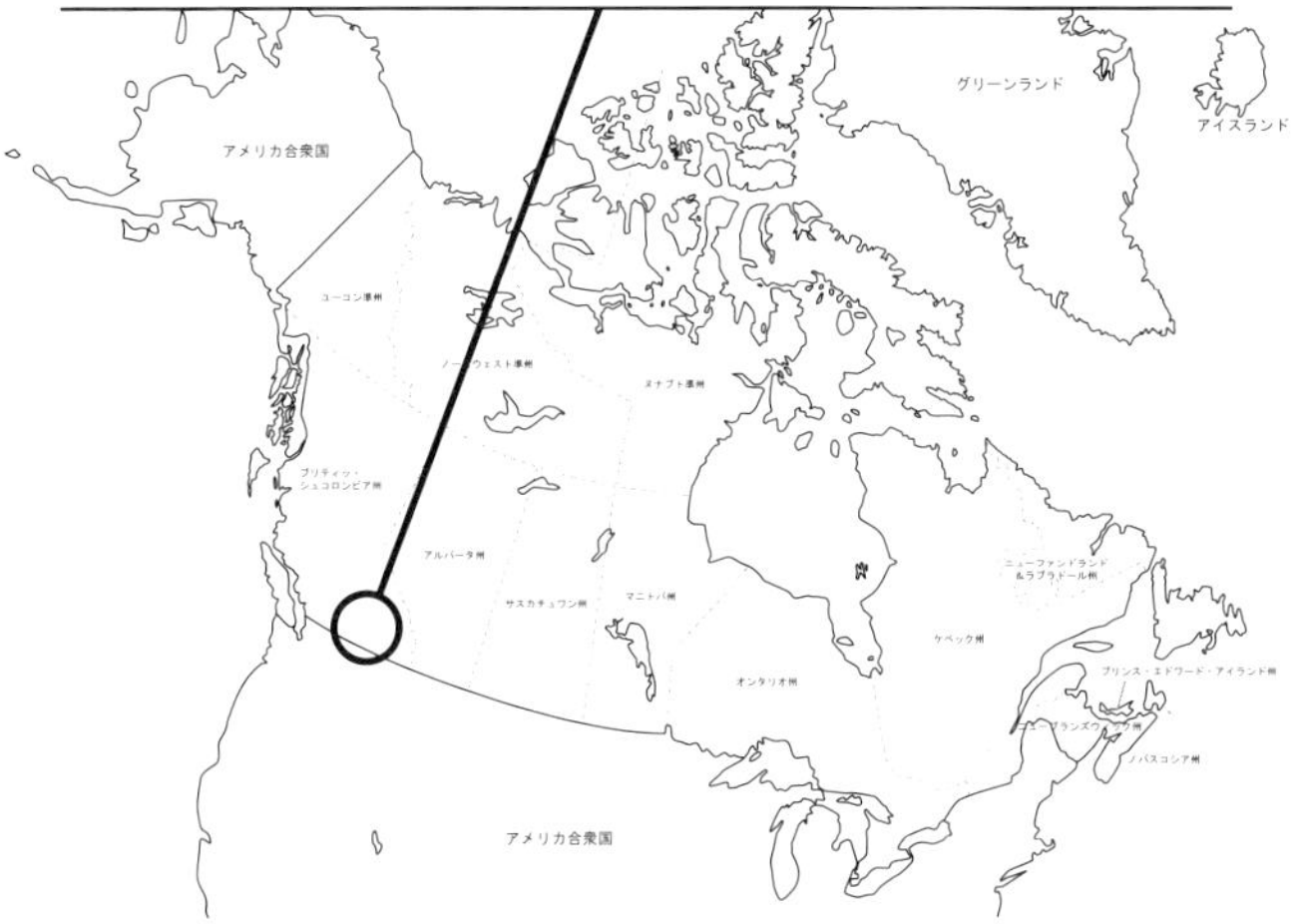

オカナガン

輸入ワインという外圧を前にワイン産業を徹底改革。
最高品質のワインを現地で味わう観光を普及させて
息を吹き返し、さらにサステナブルな観光地として
高い評価を受けるに至った逆転劇。

カナダ太平洋岸、ブリティッシュ・コロンビア州（BC州）の内陸部に位置するオカナガン渓谷。カナダで唯一の砂漠地帯にあるこの土地を「世界で最も美しいワイン産地」と呼ぶ人もいる。南北に細長く続くオカナガン湖は、太古の昔に氷河が大地を削り取って生まれた。輝く湖へと下っていくなだらかな斜面には、一面にブドウ畑が広がっている（写真1）。

息をのむような景色の中を、観光客が極上のワインを求めて歩く。オカナガンには、ブドウを手で摘み、手作業でワインを生産する小規模な家族経営のワイナリーが多い。こうした「ブティックワイナリー」ばかりだから、観光客は訪れたワイナリーでオーナーやワインメーカーと楽しくおしゃべりし、今年の出来を聞き、時間をかけてじっくり試飲して

こんな観光地

「世界で最も美しいワイン産地」とも呼ばれるオカナガンでは、国際的に高い評価を受ける上質のワインを、家族経営のブティックワイナリーで味わえる。地産地消の野菜を楽しめるレストランやファーマーズマーケットも人気だ。

好みのワインを選ぶことができる。

観光客がワイナリーを巡る「ワインツーリズム」がオカナガンで盛んになった背景には、ほかにも理由がある。そもそもカナダでは他州でワインを販売することに制約があるのだが、加えてオカナガンは小規模なブティックワイナリーが多いため、ワインの生産量が極めて限られている。だからオカナガンのワインは多くが州内、そして地元で飲まれてしまう。ここでつくられる極上のワインは、BC州に行き、オカナガンを歩かないと飲めないのだ。

ワインツーリズムが人気を集め、それに呼応するように上質のレストランが増えたことで、富裕層を引き付けることにも成功した。オカナガン渓谷の中心都市ケロウナは、引退後の住まいや別荘を購入しようとする人たちの関心を集め、カナダで最も不

写真1　湖面を望むブドウ畑が美しいオカナガン渓谷　© Destination Canada

動産投資がホットな場所の一つとしても知られている。

ワインに興味を持ってオカナガンを訪れる観光客も、別荘や不動産を購入する富裕層も、クオリティーの高い地産地消の食事や商品を求める。するとレストランやショップのレベルが上がり、地域のブランド力をますます高める好循環を生んだ。成功のカギは、ワインツーリズムを軸としながら、農家をはじめ地域全体をハイエンドの顧客向けに商品化できたことだろう。ハイエンドな顧客とは、地元を大事にしてくれる裕福な観光客や滞在者のことだ。

だが、ほんの30年ほど前、この美しいオカナガン渓谷は絶望に包まれていた。そんな姿を一体誰が想像できるだろう。当時のオカナガンでは、リンゴやモモ、チェリーなどのフルーツ栽培とともに、お世辞にもおいしいとはいえないワインが片手間のようにつくられていた。そんな土地をアメリカ、カナダ、メキシコ3カ国による北米自由貿易協定（NAFTA=ナフタ）が暴風雨のように襲ったのだ。

関税が引き下げられ、カリフォルニアから安くて質のよいワインが〝侵略〟してくれば、オカナガンのワイン産業などあっという間に飲み込まれてしまう。基幹産業だったフルーツ栽培も、生産コストの高騰によって果樹園の閉鎖が相次いでいた。1994年のNAFTA発効を控え、オカナガンの農家やワイン産業は恐慌状態に陥っていた。

追い詰められた人々は意を決し、畑のブドウの木をすべて抜き、新たにワインに適した質の良いブドウを植えるところから始めることにした。渓谷のあちこちで、抜いたブドウの山に火がつけられ、煙が上がった。その煙はオカナガンの人々の絶望の象徴でもあり、反撃の狼煙《のろし》でもあった。〝侵略〟に立ち向かうための武器として彼らが選んだのがワインツーリズム、つまり観光の力だった。

2019年、オカナガンには国内外から300万人以上の観光客が訪れ、地域での消費額は18億カナダドル（約1584億円）を超えた。衰退しつつあったリンゴ園などの農業を救ったのもまた、観光の力だった。

高品質のワインが観光客を呼び込み、地産地消の運動が後押しする形で、地元の農業も活性化した。ブドウに加えて果樹園やラベンダー畑、養蜂や酪農などのアグリツーリズムも盛んになり、ファーマーズマーケットはいつも観光客で賑わっている。ワインツーリズムが、絶望に包まれた渓谷を救ったのだ。

地域を変えた危機感

「ここのワインはずっとおいしくなかったのです」

20歳の頃に飲んだ地元産ワインを思い出しながらこう語るのが、ケロウナにある「ワイン博物館」（写真２）館長、リンダ・ディグビーなのだから、当時のオカナガンのワインがいかにおいしくなかったかは「折り紙付き」と言っていい。

砂漠地帯であるオカナガンは、温暖で乾燥した気候が特徴だ。山に囲まれた渓谷は南北150キロに及び、北からオカナガン湖、スカハ湖、オソユース湖が連なり、南の端はアメリカとの国境に接し

写真２　ケロウナのワイン博物館の展示

ている。
もともと先住民が暮らしていたこの地域に毛皮商人や宣教師などヨーロッパ系の人々が入植を始めたのは、19世紀後半。1880年代の大陸横断鉄道開通によって開発が加速していった。その頃に入植したフランス人宣教師が、聖餐《せいさん》式用に個人でブドウ酒をつくったという古い記録はあるものの、その後のオカナガンの歴史にワインづくりの話はあまり登場しない。20世紀初頭からこの土地の主要産業となったのはフルーツ栽培だった。ただし当時は、天候やマーケットの需要に左右されがちで、不況のたびに閉鎖する果樹園が後を絶たなかったという。

そんななかで果樹農家の人たちは、売れ残った果物を何とかできないかと考えた結果、片手間にワインをつくり始めた。オカナガンのワインは、捨てるしかなかったブドウでつくる「副産物」に過ぎなかったのだ。

当時のワインがおいしくなかった最大の理由は、ワイン用ではなく在来種の食用ブドウ「ラブルスカ種」を使っていたからだ。食用ブドウの売れ残りでつくるワインでは、味は期待できない。ヨーロッパからの入植者が持ち込んでいたワイン用の「ヴィニフェラ種」もあるにはあったが、冬の寒さが厳しいカナダではうまく育たないと思われていたため、普及していなかった。

当時、BC州政府は法律で、ワイン生産者がワインを製造する場合はBC州産のブドウを80％以上使用しなければならないと定めていた。そのブドウとは、食用のラブルスカ種か、そのハイブリッド種。簡単に育つものの、ワインにするには品質が悪い。にもかかわらず、ブドウの販売価格は組合が一律に高く設定していた。だからブドウ農家が質より量を優先し、どれだけ大量にブドウを生産できるかを目指していたのもやむを得なかった。質の高いブドウを生産する必要も、イノベーションを起こす必要もなかったのだ。

実は、ヴィニフェラ種を育てる試みは、1970年代からカナダ政府とBC州政府によって進められていた。試行錯誤の末、気温の低いカナダでも収穫量を減らして栽培すればヴィニフェラ種は立派に育つし、高品質のブドウが収穫できることも実証されていた。しかし農家にとってみれば、収穫量の減少は収入の減少に直結する。だからヴィニフェラ種の栽培に協力するブドウ農家は少なかった。

そんな状況を劇的に変えるきっかけになったのがNAFTAだった。1980年代には、メキシコを含む3カ国のうち、カナダとアメリカの間で既に貿易交渉が進められていたから、オカナガンのワイン関係者の間に危機感が広まっていたのは当然だろう。カリフォルニアの安くておいしいワインにはとても太刀打ちできない。ワイン産業を守るため、政府と農家、ワイナリーが、力を合わせて立ち上がる機運が醸成された。

まずやらなければならないのは、とにかくブドウの品質を上げること。その取り組みで重要な役割を果たしたのは、オカナガン湖畔にあるカナダ連邦の政府機関「サマーランド・リサーチ・ステーション」だった。この組織が新しい品種のブドウを試験的に植え、栽培方法や害虫対策を研究し、ワイン向けブドウの品質向上を主導した。

写真３　VQA がブリティッシュ・コロンビア州産ワインの品質の証

一方、ＢＣ州政府もオカナガンにブドウ栽培の専門家を派遣したり、農家やワイナリーを一軒ずつ回って品質向上に向けた指導を繰り返したりした。研究者とも協力し、新しい品種を試したり、定期的にワークショップを開催したりしながら、その成果を農家やワイナリーと共有していった。そして１９９０年には、品質向上のための新たな戦略として「ＢＣワイン・インスティテュート」（現在は"Wine Growers British Columbia"に名称変更）を設立、品質認証基準である「ヴィントナーズ・クオリティー・アライアンス（VQA）」を導入した（写真３）。

ＶＱＡのラベルを付けるには、ＢＣ州産のブドウを１００％使用するほか、生産方法などでいくつかの基準をクリアしなければならない。ＢＣワイン・インスティテュートの初代エグゼクティブ・ディレクターを務めたクリスティーン・コレッタはこう語る。「ワイナリーとブドウ農家が対等なパートナーとして協力し合うことが重要でした。ＶＱＡを設けたことで、それぞれが同じ目標に向かって力を尽くすことができたのです」

ブドウを育てる農家と、そのブドウからワインをつくるワイナリーが、品質認証基準ＶＱＡという同じ目標に向けていっしょに歩み始めた。その第一歩が、あの在来種の食用ブドウをすべて捨て去ることだった。

カナダ政府から農家への補助金を取り付け、ブドウの木をすべて抜き取った。ワイン博物館館長のリンダ・ディグビーは、「あちこちで農家が古い苗木を燃やしていた」と当時を振り返る。カリフォルニアワインとの戦いを前に、ブドウ畑を捨てて廃業した農家も多かった。それでも、残ったブドウ農家は一から出直す覚悟でヴィニフェラ種の木を植えていった（写真４、５）。

ワイナリーと直接契約し、品質に応じた値段でブドウが取り引きされるようになると、農家の側にやる気が生まれた。ワイナリーの側も、質の高いワインをつくるための模索を続けた。ヨーロッパやオセアニアなど「ワイン先進国」から職人を呼び寄せたり、息子を海外に修行に行かせたりもした。試行錯誤と学習の時代が数年続いた。

品質が良くなるにつれ、ＶＱＡは次第に消費者にも認知されるようになっていった。その頃のエピソードをディグビーが語ってくれた。

写真４　ブドウの木をすべて抜き取った畑　© Josie Tyabji

写真５　新たに質の良いヴィニフェラ種のブドウの苗木を植えた　© Josie Tyabji

ある日、夕食に招いた友人がワインを持ってきてくれたという。「これBC州産のワインなの」。彼女はちょっと申し訳なさそうにしながらも、「でも見て！　VQAだから良いワインだよ」と叫んだという。学生だったリンダ自身もこの時初めて、VQAの存在を知ったという。

当時、VQA導入を主導したBCワイン・インスティテュートのコレッタはレストランにも働きかけ、店でBC州産、オカナガン産のワインをお客に勧めてくれるよう力を尽くした。当時はまだ、バンクーバーの一部のシェフの間で地産地消の動きが始まったばかりだった。それでも興味を持ったシェフをオカナガンに招待し、地元の農産物とワインづくりを実際に体験してもらい、協力者を増やすことに努めた。ワインメーカーや生産者、シェフの交流も深まり、ともにBC州産のワインを盛り上げていった。オカナガンのワイン業界は少しずつ、自分たちのワインに自信を持つようになっていった。

奇跡のシャルドネ

カリフォルニアワインの〝侵略〟を前に、崖っぷちに立たされていたオカナガンに芽生え始めた小さな自信。それを揺るぎない確信に変える事件が起きた。1994年にロンドンで開催された「インターナショナル・ワイン＆スピリッツ・コンペティション」。この権威ある大会で、オカナガンのワイナリー「ミッション・ヒル」の1992年産シャルドネが「世界最優秀シャルドネ賞」を受賞したのだ（写真6）。

当時ワイン後進国だったカナダのシャルドネが世界一だと聞き、それを選んだ当事者である審査員までもが逆に驚き、何かの間違いだと言い張ったという。その時、実はほとんどの審査員がカナダのオカナガン地方やオカナガン・ワインなど聞いたこともなかったのだ。

「あり得ない！」

そう言って彼らはテイスティングをやり直したものの、「ミッション・ヒル」が世界一という結果に変わりはなかった。この時オカナガンは〝奇跡のシャルドネ〟を手に、世界のワイン地図にさっそうと登場したのだ。そしてこれ以降、オカナ

写真６ “奇跡のシャルドネ”の受賞を伝える雑誌。ワイン博物館の展示

ガン・ワインは、世界の主要なワインコンクールで次々と栄冠を獲得していく。

ワインの品質認証基準VQAは、2020年に創立30周年を迎えた。この間、BC州のワイナリーは17軒から284軒にまで増えた。うち186軒をオカナガン地域のワイナリーが占める。

BCワイン・インスティテュートによると、80年代には10軒程度だったワイナリーの数が、〝奇跡のシャルドネ〟が世界一に輝き、NAFTAが発効した1994年頃を境に急激に増加した。一方、ブドウ畑の面積は、NAFTA発効を前に急減。ブドウの木を抜き取って燃やしたり、多くの農家が畑を捨てたりしたためだ。しかしその後、畑の面積は劇的なV字回復を遂げ、右肩上がりに伸び続けている。

さて、オカナガンのワインづくりの中核が、小規模なブティックワイナリーであることは既に書いた。氷河に削り取られた渓谷のため、その地形的な特徴からブドウ栽培用の土地があまり広げられないという事情もあるが、結果的に品質重視の小規模なブティックワイナリーがオカナガン・ワインの高品質を支えている。

テイスティングルームでオーナーやワインメーカーと直接会ってワインの話が聞けるのも、ブティックワイナリーならではの魅力だ。だからオカナガンはワインツーリズムには最適なワイン生産地なのだ。

ハイウェイの整備によってオカナガンへのアクセスも容易になった。地産地消のレストランも増え、ワインフェスティバルなどのイベントがワインツーリズムを楽しみたいという観光客を呼び込み、さらにオカナガン・ワインのファンを増やすことにつながった。

「予想をはるかに上回る成功でした」。かつてBCワイン・インスティテュート初代エグゼクティブ・ディレクターとしてVQAの定着に奔走したコレッタは「クオリティーを上げ、生産者やレストラン、観光業など多くの人が力を合わせた結果、オカナガン・ワインが消費者に支持されたのです」と振り返る。

抜いたブドウの木を焼き払い、新技術の導入やVQAの制定など、ワイン産業を徹底的に改革した結果、世界でも高い評価を受ける上質のワインがつくられるようになり、ワインツーリズムが花開いた。政府と生産者、地域の人々がオカナガンというコミュニティーを生かす戦略のもと、ともに学び、同じ目標に向かって短期間で大きな成長を実現した。

誰もがおいしくないと言っていたワインが、絶体絶命の危機を乗り越えて極上のワインに生まれ変わり、オカナガン地域は国際的に評価される観光地へと変貌を遂げていくのだ。

多様性が強み

オカナガンは、伝統的なワイン産地であるフランスのシャンパーニュとほぼ同じ北緯50度線上に位置している。寒いカナダではブドウ栽培は難しいと思われがちだが、実はオカナガンとシャンパーニュの緯度はさほど変わらない。

オカナガンでは、ブドウの育成期には温暖で日照時間が長く、強い太陽の光を享受できる。短い夏でも、しっかりブドウが熟す。また、ここには「マイクロクライメイト」と呼ばれる多様な気候がある。砂漠地帯のため雨が少なく、かつ寒暖の差が激しいことはブドウづくりには格好の条件となる。エリア別にみても、オカナガン南部では夏の日中の気温が40℃に達することもあり、逆に北部では比較的涼しいという特徴を持つ。

　こうした「多様性」は気候だけではない。この渓谷では、火山の噴火や氷河の浸食が複雑な地形を生み出した。太古の昔、氷河が様々な種類の土壌を運んできて、湖畔や谷合、あるいは山裾《すそ》に、違った土壌を残してもくれた。氷河が削り取った複雑な地形は、太陽の当たり具合や

写真7　特異なテロワールにあるワイナリー

日照時間も変化させる。

ブドウを育てるにあたり、その土地の気候、土壌、日照、風など様々な条件を「テロワール」と呼ぶ。南北150キロのオカナガン渓谷には様々なテロワールが存在する。この多様性により、たくさんの品種のブドウ、たくさんの種類のワインが生産できるのだ（写真7）。

地形や気候だけではなく、ワインをつくる「人」もまた実に多様だ。世界には多くの移民国家があるが、カナダのように国家として数値目標を設定し、移民を積極的に受け入れている国は少ないだろう。日本をはじめ多くの先進国で出生率の低下と人口減少が続くなか、カナダは同じように出生率は低いものの、移民のおかげで人口自体は増加している。そんなカナダだから、多様なテロワールを持つオカナガンでワインづくりに挑戦したいと世界中から様々な背景を持った人材が集まってくる。

オカナガンのワイナリー創業者の出身地をみると、地元出身者はごく少数だ。カナダ国内でもBC州やアルバータ州、オンタリオ州の出身者がいる程度。創業者の多くが外国出身で、ヨーロッパを中心にアメリカ、インド、台湾などアジアからも人材が集まっている。

彼らの前職も実に多様だ。ヨーロッパなどの伝統的なワイン産地では、農業、果樹栽培、ブドウ栽培に従事した人々がワイナリーを創業するケースが多いが、オカナガンではワイン作りとおよそ無縁だった人が多い。論文「カナダ・ブリティッシュコロンビア州オカナガンバレーのケロウナ地域におけるワインツーリズム」（矢ケ﨑典隆）にそのデータが示されている。

彼らの前職は美容師、会社経営者、公務員、教員、政治家、不動産事業者、航空会社の客室乗務員、弁護士、公認会計士、農業コンサルタント、貿易業など。これが伝統にとらわれず、自由なワイン作りに挑戦できる一つの要因であることは間違いない。ブドウ栽培やワイン醸造の知識や経験がなくても、専門家を雇えばいい。そこにオーナーとしての自由な発想やこだわりを加味することで、新しいワイン作りが可能になるのだ。

歴史あるワイン産地では、その土地に昔からある品種のブドウしか栽培できないという規制があったり、ワイン新興国でも気候的条件から限られた品種のブドウしか栽培できなかったり、伝統や地理、気候による制約がある。それに比べると、オカナガンの多様性は際立っている。

南北150キロの渓谷に点在するワイナリーは、たくさんのブドウの種類から赤ワイン、白ワインを生み出している。そのなかにはカナダ土産の代表格であるアイスワインも含まれている。

経営規模や経営方針、ワインツーリズムの形態などもワイナリーによって異なっている。そして試飲の際に交わす楽しいおしゃべり。なにしろ世界中から、様々な文化や歴史、バックグラウンド、そして「前職」を持ったオーナーとワイン談義を繰り広げることができるのだ。

国内外のコンクールで高い評価を集め、世界のワイン通の注目を集めるオカナガン・ワインは、生産量が少ないため自ら足を運ばなければ味わうことができない。日本への輸出どころか、BC州内のリカーショップ（酒屋）にも卸さないワイナリーすらある。だからオカナガンのワインツーリズムは無限であり、何度行っても、その楽しみは尽きることがない。多様性がオカナガンのワインツーリズムを魅力的なものにしている。オカナガンのワイン産業は、カナダが国の目標に掲げる多文化主義を象徴している。

オーガニックへの挑戦

オカナガンに世界中から多様な人材が集まったことは、農薬や化学肥料、遺伝子組み換え作物を極力使わない「オーガニック」がこの峡谷にいち早く導入され、サステナブルなワイン産地を目指していくきっかけにもなった。オカナガンにおけるオーガニックに向けた動きは、実は30年以上も前から始まっている。1980年代後半、ニューヨークからオカナガンに移住したステファン・サイプスが「サマーヒル・ピラミッド・ワイナリー」を立ち上げ、オーガニック農法によるヴィニフェラ種の栽培を始めたのが最初の一歩だ。

サイプスが移り住んだ頃、この地でオーガニック農法を実践するブドウ農家はほかになかった。だが、サマーヒル・ピラミッド・ワイナリーが国際的なワインコンクールで次々に最優秀賞をとるようになると、ほかの農家もオーガニックに注目するようになった。「ワインに最高のフレーバーを生み出すには、オーガニックでなければならない。自然の風味に優るものはありません」と、サイプスは言う。

BCワイン・インスティテュートの初代エグゼクティブ・ディレクターのクリスティーン・コレッタも職を退いた後、自ら「クラッシュパッド・ワイナリー」を経営しているが、そのブドウ畑は100%オーガニックの認証を受けている。〝奇跡のシャルドネ〟を生んだ「ミッション・ヒル」や、「シダー・クリーク」など、複数のワイナリーを運営する「ミッションヒル・エステイト・ファミリー&セバスチャン・ファームズ」の社長、ダリル・ブルーカーも、ウエブサイト「BCビジネス」でこう語っている。

「飲んでみればわかります。私たちのブドウの木は生き生きとしています。品質の良いブドウの実は糖度がコントロールされているので、アルコール度数も低めなのです」

その「ミッションヒル・エステイト・ファミリー&セバスチャン・ファームズ」のオーナー、アンソニー・フォン・マンドルは、2021年中に所有するワイナリーのすべてのブドウ畑をオーガニックに転換する計画だ。農薬や化学肥料を使っていた土地をオーガニックに変えるには、最低でも3年はかかるといわれるが、幸運にもオカナガンはオーガニック農法に適している。寒い冬と暑くて乾燥した夏の気候、そして渓谷地帯に吹きつける風が、殺虫剤や除草剤の代わりにブドウの木の病気や害虫を防いでくれるのだ。

より多くのワイナリーがオーガニックに転換すれば、オカナガン・ワインのブランド価値は一層高まり、ワインツーリズムにも好影響をもたらす。なにしろ「世界で最も美しいワイン産地」のブドウ畑がオーガニックになるのだ。既に「サマーヒル・ピラミッド・ワイナリー」を筆頭に、「ファントム・クリーク」など40軒以上のワイナリーがオーガニック農法を実践している。今のところオーガニック認定を受けているブドウ畑の面積はオカナガン全体の4％ほどにとどまるが、マンドルが持つ複数のワイナリーがすべてオーガニックに転換すれば、オーガニック農法によるブドウ畑の面積は17％ほどに跳ね上がる計算だ。

オカナガン全体でのオーガニックへの取り組み状況を踏まえると、2025年頃にオカナガンのブドウ畑の半分近くがオーガニックになるとの見方もある。そうなれば、オカナガンはサステナブルなワイン産地としてさらに注目されることになるだろう。

BC州政府は既に、オーガニックに関する新しい認定プログラムを立ち上げ、認定を受けたワイナリーはボトルに認証マークを付けることができるようにした。これは小さなワイナリーのブランディングにとって強力な支援となる。

オーガニックへの転換を先導してきた「サマーヒル・ピラミッド・ワイナリー」は2012年、バイオダイナミック農法で栽培された農産物であることを示す「デメター認証」も受けている。これは世界で最も基準が厳しいともいわれるオーガニック認証の一つだ。サイプスは、このデメター認証に基づくバイオダイナミック農法をはじめ、自然と調和した農業を学ぶ教育機関をオカナガンに設立しようと計画している。サイプスは言う。「私たちは、農薬を使用せずに上質のワインをつくれることを証明してきました。時間はかかるけれど、より多くのワイナリーがオーガニックに転換してくれることを願っています」

世界中のワイン好きが手に入れたい、飲んでみたいというオカナガンのワインは、その

97％がBC州内で飲まれていて、州外に売られるのはたった3％だけ。そう指摘するサイプスは、自信満々にこう語る。「外に売ることができないほどに地元で愛されているワインなんです」

オカナガンに足を運べば、おいしいだけでなく、未来への希望を感じさせてくれるサステナブルなワインを楽しむことができる。オカナガンでのワインツーリズムの体験は、忘れられないものになるだろう。

ワイン人気を支える

オカナガンのワインツーリズムの人気を支える施策としては、充実した観光案内所や、リンダ・ディグビーが館長を務めるワイン博物館などを挙げることができる。「ワイントレイルマップ」などのガイドブックやスマホのアプリも評判が良い。このような情報を活用すれば、自分の車で自由にワイナリーを周って楽しめる。多くのワイナリーでは、テイスティングルームで試飲ができ、貯蔵庫の中やブドウ畑を見られるように開放している。

マイクロクライメイトと呼ばれるように、オカナガンにはそれぞれのブドウ畑特有の気候や土壌があり、テロワールも豊かに変化する。ワインづくりでは、複数の異なる畑で収穫されたブドウを混ぜてワインをつくることが多いが、オカナガンではマイクロクライメイトや特異なテロワールを背景に、特定の畑や区画で収穫されたブドウのみを使ってワインをつくる「シングル・ヴィンヤード」も広がりを見せている。ブドウ園を持ち、ブドウづくりからワインづくりまでを一貫して行うワイナリーも多く、ワイン製造の全工程を「ストーリー」として観光客に体験してもらえるコースを用意しているところもある（写真８）。

新鮮で良質な地元の食材との組み合わせを楽しんでもらうため、レストランを併設するワイナリーも増えてきた。絶景と美食は、ワインツーリズムの幸福度を大きく押し上げてくれる。

秋になると、オカナガンでは収穫を祝うフェスティバルが各地で開催され、近隣地域の住民や観光客で賑わいを見せる。10月に行われていた人気のワインフェス

写真８　ブドウ踏み体験などのイベントも行われている

ティバルは、近年では春にも行われるようになり、ショルダーシーズン（中程度の混み具合の時期）の観光需要の喚起にもつながっている（写真９）。

インタービスタス社の調べによると、様々な施策による後押しもあって、２００６年から２０１６年までの10年間で、オカナガンを訪れる観光客数は60％以上増加した。観光による地域の雇用も32％増加している。

観光とワイン業界は、相乗効果を生み出す関係にある。観光は地域の雇用を増やすだけでなく、ホテルや飲食業界、レンタカーやゴルフ場にも多大な経済効果をもたらす。ワイナリーにとっても、オカナガンを訪れる観光客に直接、ワインを販売するのが最も収益率が高い。

オカナガンを訪れ、実際にワインツー

写真９　試飲を楽しめるワインフェスティバル　© Morio Taga

リズムを体験し、この土地のストーリーに感動した人々は生涯、オカナガンと、ここでつくられたワインの熱心なファンでいてくれるに違いない。

ワインツーリズムからアグリツーリズムへ

良いワインができるようになったことで、周囲に上質なレストランが増えた。すると次に、農家や果樹園でレストランのために品質の高い野菜や果物がつくられるようになった。結果として農業のレベルが上がり、オカナガンには「アグリツーリズム」という新たな観光資源が生まれた。地産地消とサステナブルな農業が観光客を呼び込んだのだ。

アグリツーリズムはワインツーリズムと同様、オカナガンを代表する二つの産業である「農業」と「観光」の相性の良い組み合わせだ。その成功事例の一つとして、オカナガン北部にあるデイビソン果樹園を紹介しよう（写真10）。

ここは4世代にわたる家族経営の農家だ。春にはモモやリンゴの花の香りが果樹園いっぱいに広がる。夏にはヒツジやヤギの赤ちゃんに出会える。秋には緑豊かな農園で、賑やかにリンゴを摘む姿が見られる。

訪れた人たちはトラクターの後ろにつながれたカートに乗り、野菜や果物の畑など、農園内を巡る。そこでリンゴがどのようにして育てられているか説明を受け、収穫し、皮を

写真10　家族４代で経営するデイビソン果樹園

むき、パイを焼くところまでを体験する。そして、ここを訪れる前よりもずっとリンゴを好きになってくれるのだ。すべてを見せるからこそ、デイビソン果樹園では細部にまでこだわったサステナブルな農法を貫いている。

動物たちと触れ合い、新鮮な野菜や果物、ジャムやジュースを購入できる。価格競争に巻き込まれることを避けるため、収穫した果物は大手の卸売業者には売らない。自分たちの手で付加価値を付けた高品質の商品を消費者やレストランに直接販売するのだ。ここではジャムやベーカリーのほか、リンゴを絞っただけの果汁１００％ジュースも人気だ。

デイビソン果樹園は１９３０年代初頭、移民としてイギリスからやって来た夫婦が、オカナガンでマッキントッシュ種のリンゴに希望を見出して開墾に着手したことから始まった。大西洋を渡り、北米大陸を横断し、この地まで来た理由は「生きるため」だった。より良い未来を目指し、試行錯誤しながらリンゴ農家としての経験を積み、商売を学んだ。しかし2代目のボブ・デイビソンが農園を継いだ1950〜60年代にかけて、リンゴの市場価格は暴落してしまう。

厳しい冬の寒さによってどこの果樹園もダメージを受け、苦難の時代が何年も続いた。それでも生きるために、家族は力を合わせて必死で働いた。そうして今、目の前に観光客で賑わう農園の光景が広がっている。

「こんな成功は想像以上です。現在のオカナガンの発展ぶりには言葉もありません」

70年にわたって果樹園を支えてきた2代目のボブは言う。90歳近くになる今もボブは現役だ。子供や孫と農園に出て作業し、アドバイスを与える。ボブの温かい人柄に惹かれ、たくさんの友人やかつてのスタッフが今も農園を訪れる。

「家族や多くの友人のおかげです。人間関係がすべてです。人間関係に恵まれていれば、将来もきっとうまくいきます」

3代目のトムも、そんな父の言葉にうなずく。同業者もワイナリーも観光業者も、すべてがパートナーだという。良いワインが生まれ、良いレストランができ、農家も頑張って野菜や果物の質が向上した。観光業者も汗を流した。それぞれが連携し、サポートし合い、相乗効果を高めている。

「この土地の気候と土壌のユニークさ、人間関係に恵まれたコミュニティー、そして体験型の観光を提供してきたことが、オカナガンの成功の理由なのです」とトム。「自分が父親から引き継いだときよりもさらに良い状態で、この土地を次の世代に引き継ぐつもりです」と言う。

デイビソン果樹園は、地域の学校への寄付など社会貢献活動にも積極的だ。結果として果樹園のファンはさらに増え、地元の人たちは生涯にわたってデイビソン果樹園を応援してくれるようになる。

もう一つ、人気のアグリツーリズムの事例として、ファーマーズマーケットが挙げられる。オカナガン湖南部の街ペンティクトンのダウンタウンでは、毎週土曜日にファーマーズマーケットが開催されている（写真11）。

地元農家が販売する季節の野菜や果物のなかには、不ぞろいという理由だけで

写真11　農家が野菜や果物を持ち寄るファーマーズマーケット　© Morio Taga

廃棄されるはずだった農産物も並べられている。それがまた良く売れるのだ。フードロスを減らそうという取り組みが、人々に支持されているからだ。

BC州農業協会は基金を設立し、低所得の人たちも地元の農家から新鮮で良質、かつサステナブルな方法でつくられた農産物を購入できるクーポンを配布している。2017年には約1万人がクーポンを利用し、900軒の農家から野菜などを購入した。こうした活動が、地産地消とサステナブルな農業の発展を草の根から支えることにつながっている。

オカナガンは、地域全体に支えられたワインツーリズムとアグリツーリズムによって、観光地としてのブランド力をさらに高めていくだろう。

SDGsに取り組む

オカナガンでワイナリーや農園を営む人々は、自分たちのビジネスの核がワインツーリズム、あるいはアグリツーリズムであることを自覚している。ワインづくりや農業が元気であり続けるために、観光の力は不可欠なのだ。だからこそ、持続可能な観光地経営を重視する。

トンプソン・オカナガン観光協会は2012年、自然、文化、コミュニティーを保全しながら、同時に観光による経済効果の最大化を図るという10年計画の観光ビジョンを策定した。ビジョンを策定する過程で明らかになった懸念は二つ。一つは観光客の増加に伴い、湖で騒いだりゴミを散らかしたりする事例が増え、地元住民の不満が高まっていたこと。もう一つは7～8月の45日間に観光客が極端に集中していることだった。

まず一つ目の課題を解決するため、観光協会は量から質への転換を図っていった。ターゲットとする観光客を地域に敬意を払ってくれる意識の高い富裕層に絞ることにしたのだ。訪れる観光客の数を減らしても、単価を上げたり宿泊日数を延ばしたりできれば収益は向上する。富裕層向けの宿泊施設の建設や空港施設の整備を推進したほか、地元の観光事業者がぜいたくな日帰りワインツアーを用意している。ミニバンで少人数のグループを案内するツアーや、リムジンやヘリコプターを利用するツアーもある。

観光客の分散化を図るための取り組みは、廃線トレイルを利用したハイキングやサイクリングなどのアクティビティー、そして先住民観光の充実だ。これらは、夏から秋がメインのワインツーリズム、アグリツーリズムを補完し、四季を通じてオカナガンに観光客を呼び込むことを可能にしてくれる。ピークシーズンへの集中が回避されれば、環境やコミュニティーへの負荷を分散させ、サステナブルな観光を実現しやすくなる。通年での雇用確保にもつながっていく。

先住民観光の充実は、季節の分散だけでなく、地域文化の継承と発展も促してくれる。北米初の先住民経営のワイナリー「インカミップ・セラーズ」は、先住民アートを集めた宿泊施設を併設している。先住民文化を反映したワインづくりをモットーとする「インデイジュネス・ワールド・ワイナリー」では、地元の野菜やバイソンの肉を主役にした先住民風の料理を楽しめる。オカナガンの北、リトル・シュスワップ湖畔まで足をのばせば、「クアアウト・ロッジ＆スパ」で先住民の神聖な儀式「スウェット・ロッジ」を体験できる。「インカミップ砂漠文化センター」では、オカナガンという土地の風土、伝説、先住民の歴史、貴重な動植物について学ぶこともできる。

一方、トンプソン・オカナガン観光協会はワイナリーに対しても、冬場もテイスティングルームを営業したり、春にイベントを開催するよう呼びかけたりする取り組みも続けている。２０２１年には地域のワイナリーや醸造所、レストランやマーケットが出店する「ディストリクト・ワインビレッジ」が新たにオープンした。ワインや食のワークショップ、プロモーション、イベントやウエディングにも活用できる施設だ。

２０１７年、オカナガンおよび隣接するトンプソンを含む「トンプソン・オカナガン地域」は、国連機関であるレスポンシブル・ツーリズム研究所から、北中南米で初めて「バイオスフィア認証」を受けた。これは、国連が定めるＳＤＧｓの17の目標達成に向け、世界観光機関（ＵＮＷＴＯ）が掲げる基準をすべて満たす観光地に認定されたことを意味している。年間を通じた観光客の分散による経済効果や、雇用の促進、既に１０００以上ある電気自動車の充電ステーションの拡充、環境・社会・文化面における持続可能性の順守、アクセシビリティーの浸透などが高く評価された。

トンプソン・オカナガン観光協会は、２０１２年の10年計画の策定をきっかけに、地域全体でどんな観光を求めるかをじっくり話し合い、パートナーシップを構築することに努めてきた。事業者やコミュニティーを巻き込む観光の推進は、ＳＤＧｓの17の目標すべてに貢献するものと言える。

オカナガンは２０１８年から3年連続で、「ワールド・トラベル・アワード」の「世界レスポンシブル・ツーリズム賞」を受賞した。ワールド・トラベル・アワードはイギリスのワールド・メディア・アンド・イベンツ・リミティッドが運営しており、『ウォールストリートジャーナル』紙が「旅行業界のオスカー」と評する権威ある賞だ。地域全体での経済効果の最大化と、自然、文化、コミュニティーの保全を両立させる観光ビジョンに基づくサステナブルな観光地経営が評価された結果だ。

新型コロナウイルスの脅威に見舞われた世界において、これまでの社会の仕組みやライフスタイルが見直され、地域がより幸せになる観光とは何かが問い直されていく。オカナガンの観光地経営には、そのヒントがある。

第8章

プリンス・エドワード島

Prince Edward Island

カナダ流のおもてなしの源は、地元を大切にする心

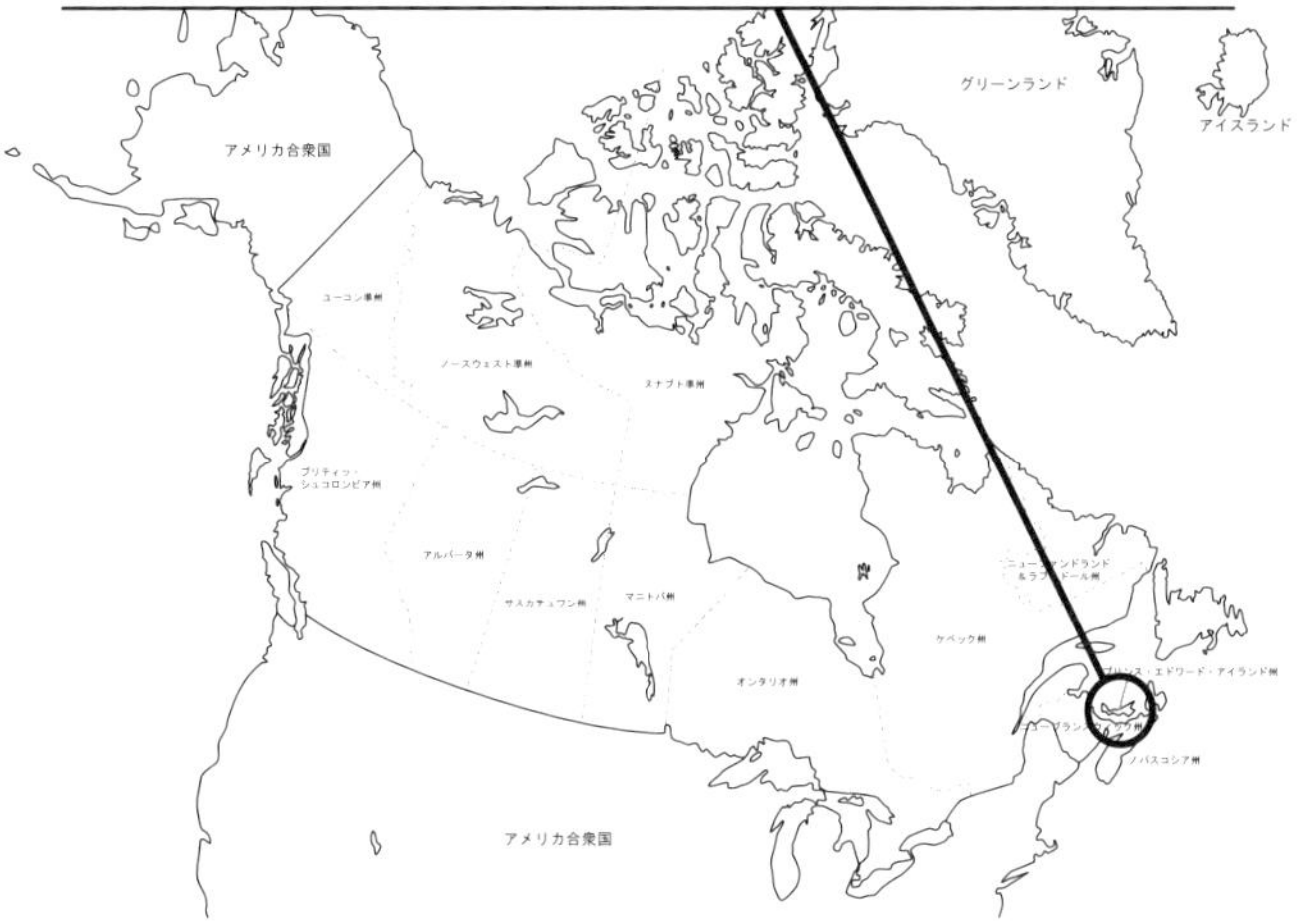

プリンス・エドワード島

日々の暮らしや変わらない風景を
提供することに心を尽くす地元と、
その価値を理解して楽しむ観光客とが
お互いをリスペクトする理想的な姿。

この本の最終章で紹介する場所は、プリンス・エドワード島だ。Prince Edward Island の頭文字からＰＥＩ（ピー・イー・アイ）と呼ばれている。島の名を聞けば、多くの人が思い浮かべる1冊の本があるだろう。ここで生まれ育ったルーシー・モード・モンゴメリが１９０８年に発表した“Anne of Green Gables”。ＰＥＩを舞台にしたこの物語は１９５２年、『赤毛のアン』として、児童文学家であり翻訳家の村岡花子により日本に紹介された。その後アニメ化され、映画にもなり、舞台でも繰り返し上演された人気の物語だ。

ＰＥＩには人を惹きつけて放さない魅力がある。ここ10年ほどの調査では、ＰＥＩを訪れるリピーター率は8割に及んでいる。そう聞けば、『赤毛のアン』ゆかりの地を巡る日本人観光客が何度も島に行くからだと思うかもしれない。しかし実際には、ＰＥＩを訪れ

こんな観光地

『赤毛のアン』の舞台として知られるプリンス・エドワード島。100年以上前に物語に描かれたのとほとんど変わらない牧歌的な風景を、今も目にすることができる。美しいビーチを散策し、ロブスターやムール貝などのシーフードを味わい、イチゴやブルーベリーの収穫を体験するなど、島の楽しみ方は実に多彩だ。

る観光客に占める日本人の割合は1％にも満たない。残り99％、カナダ人やアメリカ人は美しいビーチやロブスターなどのシーフードを楽しむために島にやって来る。

彼らは滞在中に『赤毛のアン』関連の観光スポットにも足を運ぶが、アンそのものを旅の目的とする人は少数派だ。実際、カナダでの『赤毛のアン』の人気は日本ほど高くはない。8割のリピーター率は、観光客の多くが『赤毛のアン』とは直接関係なくても、またこの島に来たいと思ったことを示している。

アンのファンもそうでない人も、観光客はどうしてこの島に何度も来たいと思うのか。それはPEIが「カナダ流のおもてなし」を強く感じられる場所だからだ。PEIで暮らす「アイランダー」と呼ばれる人たち自身も気づいていなかったPEIの魅力を自覚させたのは、はるばる日本からやって来た『赤毛のアン』のファンたちだった。

最終章では、アンの物語に魅了された日本人とアイランダーの交流によって、「カナダ流のおもてなし」が作り上げられてきた過程を紹介したい。ＰＥＩの物語は、カナダの旅がなぜ楽しいのか、なぜカナダに行きたくなるのか、その理由を教えてくれるだろう。

どうして日本人が来るのか

ＰＥＩはカナダの大西洋岸、セント・ローレンス湾に浮かぶ小さな島。かつて先住民はここを「アベグウェイト＝波間に浮かぶゆりかご」と呼んでいた。日本で言えば愛媛県と同じぐらいの広さ。三日月のような形の島に、16万人ほどのアイランダーが暮らしている。

この島ならではの赤土の大地には草木の緑が映え、青い海を前にした海岸線にはかわいらしい灯台がぽつんぽつんとたたずんでいる（写真１）。目に見えるすべての景色が素顔のままのような優しさだ。

日本人観光客がＰＥＩを訪れるようになったのは１９８０年代半ばのこと。１９９０年代にかけて年間2万人ほど訪れていた日本人観光客の多くは、『赤毛のアン』のファンである若い女性だった。１９９２年に海外旅行専門雑誌「ＡＢ‐Ｒｏａｄ」が一番行きたい場所を読者に尋ねると、ニューヨーク、パリ、ロンドンといった名だたる大都市に続き、

写真1　この島の海岸線には70もの灯台がある　© Tourism PEI / Paul Baglole

カナダ東端の小さな島であるPEIが4位に選ばれた。そしてこの頃から、アイランダーの困惑が始まった。どうして日本人が続々とやって来るのか。彼らにとっては大いなる疑問だった。

PEIに暮らし、夫とティールームを経営するかたわら『「赤毛のアン」の生活事典』（講談社）や『「赤毛のアン」のお料理BOOK』（ブッキング）などの本を著しているテリー神川《かみかわ》さんも、その著書名が示す通り、『赤毛のアン』の大ファンだ。島に移り住んだ1987年当時のことを神川さんはこんなふうに振り返っている。「PEIの人たちは、日本や日本人のことをほとんど知りませんでした。中国と混同して『日本は共産主義の国でしょ？』などと聞かれたこともありました」

『赤毛のアン』が大好きでPEIに来たことを告げると、さらに不思議がられたという。「なぜ日本ではそんなに『赤毛のアン』は人気があるのかと聞かれるのが常でした。もともと島の人たちは、モンゴメリを知ってはいても作品を読んでいない人も多かったのです。日本人の〝アン好き〟はミステリーだったと思います」

『赤毛のアン』とは別のシリーズに登場する「銀の森屋敷」は、作者モンゴメリの叔母の家だ。モンゴメリの親族の一人であり、銀の森屋敷でグリーンゲイブルズ博物館を運営するジョージ・キャンベルも当時、次々やって来る日本の『赤毛のアン』のファンにかなり当惑させられていた。「日本人がPEIにやって来るようになって、我々アイランダーは正直驚きました。どうして日本人が来るようになったのかまったく理解できなかったのです」

アンが暮らした家のモデルであり、今は観光施設として整備されている「グリーンゲイブルズハウス」があるキャベンディッシュから、銀の森屋敷のあるパークコーナーまで、日本の若い女性が自転車を借りてサイクリングで行こうとする。どれだけ距離が離れているか、いくつ丘を越えなければならないのか、彼女らはわかっているのだろうか。キャンベルは心配になり、見るに見かねて自分のトラックに彼女らを乗せてあげたこともあったそうだ。

とまどうアイランダーをよそに、『赤毛のアン』の世界をひと目見たいとやって来た日本人観光客は、感動に包まれながら島での時間を過ごした。ホテルやレストランでも、「P

EIが大好き、『赤毛のアン』が大好き」とアイランダーに語り続けた。「PEIはなんて美しいんだろうと、日本人観光客が私に言うのです。子供の頃から毎日この風景を見て育ったから、そんなふうに考えたことなんてありませんでした。でも、おかげで初めてこの島の美しさに気づきました」

キャンベルは言う。「日本人が『赤毛のアン』を愛読し、憧れをもってPEIを訪れているのだとわかって、やがて島の人たちも日本人を歓迎するようになったのです」

神川さんが言うように、カナダで『赤毛のアン』は日本ほど人気のある本ではないし、読んだことがない人も多い。しかし島にやって来る日本人観光客を通じ、いかに『赤毛のアン』が日本人を励まし、影響を与えて来たかをアイランダーは知ったのだ。

遠い日本からやって来て、幸せそうにPEIを巡り、目にするものすべてに喜び、島をまるで宝物のように扱い、死ぬまでに一度は訪れたいと願っていた島との別れを惜しみながら帰っていく。島を大切に思ってくれていることがじわじわと、しかし強く伝わってくる。日本人旅行者と触れ合ううち、アイランダーは「そんなに私たちの島を好きでいてくれるんだ」と感動するようになっていった。

当時、島で『赤毛のアン』観光を提供していた「プリンス・エドワード・ツアーズ」の創立者、ボブ・ブラマーは言う。「旅行中の限られた時間のちょっとした触れ合いでも、アイランダーは日本人観光客を心から歓迎し、交流を楽しみ、自分たちの物語を分かち合おうとしていました」

アイランダーは次第に、日本人観光客の目を通して自分たちの島の素晴らしさを強く認識するようになっていった。

「私自身、日本人観光客を案内することを通じ、島の美しさ、手作りの丁寧な暮らしの価値、人々の営みや独自の文化について考え直しました」。当時、プリンス・エドワード島州政府観光局でセールス・ディレクターをしていたハービー・ソウラーは、日本人観光客との思い出をこう振り返る。「日本人観光客が関心を寄せるのは、ウォーターパークや蝋人形ミュージアムのような観光アトラクションではありませんでした。彼らは私たちに、ＰＥＩのコアバリュー（最も大事な価値）を思い起こさせてくれたのです」

ソウラーが言うように、かつてのＰＥ

写真２　アンが暮らした家を再現した観光施設グリーンゲイブルズハウス　©Yuka Takahashi

Iは観光客に対し、ビーチで過ごす以外のアクティビティーとしてウォーターパークや蝋人形ミュージアムを提供するような観光地だった。今、蝋人形ミュージアムは島から姿を消している。ソウラーはこう続ける。「アイランダーは、日本人が島に深い関心を寄せて来てくれることを誇りに思いました。自分たちの良いところが世界から認められていると感じたのです」

カナダの東端にあるこの小さな島に、どうして日本人が来るのかと驚いていたアイランダーは、アンのファン、島のファンである日本人と触れ合うことで自分たちの島の良さを再認識するようになり、観光のあり方について深く考え、その姿勢を改めるようになっていった。彼らが行きついたのは、変わらない島の暮らしこそが一番の観光資源という結論だった。

観光客が観光地を作る

日本人観光客がPEIを訪れるようになった頃、アンが暮らした家を再現したグリーンゲイブルズハウスからは、隣のゴルフ場が丸見えだった。カナダ史の研究者である故木村和夫氏は、著書のなかで、当時のグリーンゲイブルズハウス（写真２）についてこう書いている。

家の裏手が「恋人の小道」ということになっている。「小道」の方を散策してみたが、すぐゴルフ場に接しているものだから、木陰からゴルファーの姿がみえたり、ショットの音が聞こえたりするのは幻滅だ。（中略）現在のままだと「アンの家」は、はるばるやってきた多くのファンを失望させてしまいかねない。（「カナダ歴史紀行」筑摩書房）

今では、グリーンゲイブルズハウスとゴルフ場との間には木が植えられ、ゴルフコースは見えなくなっている。充実したビジターセンターも併設された。もうファンを失望させることはなさそうだ。日本人観光客が訪れるようになったのをきっかけに、モンゴメリの足跡やアンの物語に出てくる往時の暮らしぶりを知ってもらえるよう、改めて当時の資料などが整えられた。

教師でもあったモンゴメリが教鞭をとった「ロウワーベデック・スクール」の建物は老朽化し、倒れかけていたが、この学校を直してほしいと日本のファンからメッセージと寄付が送られてきた。アイランダーは、倒れかけた学校が史跡として価値あるものだと初めて気づかされた。

学校は日本のファンの寄付によって修復され、夏の観光シーズンには一般公開されるようになった。そこでは寄付に添えられた日本のファンからの連名の手紙などのファイルが置かれ、一般の観光客も閲覧できるようになっている。

日本人観光客の要望が島の観光のあるべき姿を示すこととなり、アイランダーは改めて島やモンゴメリについて学び、モンゴメリが描いた世界を語り継ぐための取り組みを進めることにした。2019年には、研究者や観光事業者らによって、モンゴメリ文学を体験できる名所めぐりがスタートした。島にはモンゴメリゆかりの地や作品に登場する場所が多数ある。そのなかでも見逃すことのできないスポットを案内し、島を訪れた人たちに知ってもらおうと企画された。

各スポットに立てられた解説パネルや文学ツアーのウエブサイトには、貴重な写真資料とともにカナダの公用語である英語とフランス語の説明文が掲載されている。そして3カ国目の言語として掲載されたのは日本語だった。

「まがい物」はいらない

アンを愛する日本人に触発され、観光のあり方について深く考えるようになったアイランダーは、PEIのあるべき観光の姿をさらに突き詰めていく。1990年代、日本からPEIにやって来る日本人観光客のなかには、たくさんの新婚カップルが含まれていた。やがてモンゴメリ自身が結婚した銀の森屋敷でのウェディング・プログラムが人気を博し、ピーク時には年間約70組ものカップルがここで結婚式を挙げるようになった。

教会から銀の森屋敷に牧師が来て、モンゴメリの結婚式をそのまま再現した式を挙げる。モンゴメリの式で歌われた讃美歌がオルガンで演奏され、式が終わると参列者みんなでお茶を頂き、記念写真を撮る。引退するまでの間、５００組以上の日本人の結婚式を司式した牧師は、おごそかな式の最後に必ず、日本語で「おめでとうございます」と声を掛けたそうだ。その瞬間、花嫁はみんなぱっと笑顔になったという。グリーンゲイブルズ博物館のキャンベル夫妻が立会人となり、教会から結婚証明書も発行された。

現在、プリンス・エドワード島州政府観光局の日本地区代表として日本とＰＥＩの懸け橋役となっている高橋由香さんは当時、ＰＥＩに住み、「プリンス・エドワード・ツアーズ」のボブ・ブラマーの下、オペレーション・マネージャーとして働いていた。

銀の森屋敷での結婚式が成功しているのを見た高橋さんは、もっと観光客を集める、つまり収入を増やすため、ボブにある提案をした。「牧師さんに結婚式を挙げてもらうとなると大ごとでコストもかかりますが、もっと手軽に記念写真を撮るだけのパッケージがあれば、カップルに人気が出ると思ったのです」。しかし、このアイディアにボブは真っ向から反対した。「由香、それはインチキじゃないのか」

日本人観光客との交流をきっかけに、自分たちの島の良さを認識し、ふるさとへの誇りを強めていたアイランダーは、金儲けのために「まがい物」を提供することを望まなかった。観光客に提供する体験は本物でなければならない。ボブの返事を聞き、高橋さんはハッと気づかされたという。

ウエディングドレスを着た日本人カップルがグリーンゲイブルズハウスを取り囲んで順番待ちしていたらどう映るだろうか。式も挙げずに写真だけ撮って帰って、どんな思い出が残るだろうか。島に憧れてやって来た観光客にとっても、島を大切にする住民にとっても興ざめする光景になっただろう。アイランダーは、本気で観光に取り組むのなら、「まがい物」は不要、島の本当の姿だけを見てもらおうという選択をしたのだ。

「本物を提供しなければ、持続可能な観光は成立しないことを教えられました」と高橋さん。こうした経験を一つ一つ積み重ねながら、ＰＥＩのあるべき観光が作り上げられていった。

ＰＥＩを訪れる日本人観光客がいつも感動して笑顔でいるのは、島の風景や暮らしの本質が損なわれずに保たれているからだ。『赤毛のアン』を読んで、憧れてやって来たファンの期待を決して裏切ってはならない。金儲けに走り、一生に一度は来たかったという人をがっかりさせることなどできない。本物だからこそ、島は訪れる人にとって「大切な場所」たり得るのだ。

こわれない風景

ＰＥＩの最大の魅力の一つは、なんといっても島の風景だろう。『赤毛のアン』の主人公アン・シャーリーは、この地を「世界で一番美しい島」だと語っている。作者のモンゴメリ自身も日記のなかで、赤い土と緑の木々、海や空の青さを宝石に例え、「ルビーとエメラルドとサファイヤの島」と表現している。『赤毛のアン』には、モンゴメリ自身の熱烈な「地元愛」が込められている。

しかし、いかに宝石のように美しい島であっても、ビルが建てば風景は一変してしまう。風景を「変えない」ことは実に地味で、大変な忍耐力を必要とする。それでもアイランダーは、何気ない日常の風景や季節の移り変わりが100年経っても損なわれないよう、大切に守り続けることにした。毎日毎日、美しい島の風景を変えないために努力を続けているのだ（写真3）。

写真3　色とりどりのかわいらしい建物が並ぶフレンチ・リバー　©Tourism PEI / Paul Baglole

そんなアイランダーの思いに気づいた日本人がいる。ＰＥＩの風景の美しさに惹かれ、30年以上島の写真を撮り続けている写真家の吉村和敏氏だ。「１９８８年、当時20歳だった僕は初めてＰＥＩを訪れ、かわいらしい島の風景と、親切で優しいアイランダーに出会い、夢中になって写真を撮りました。ＰＥＩは僕にとって特別な場所なのです」

何度も島に通い、撮りためた写真を集大成としてまとめたのは２０００年のこと。写真集『プリンス・エドワード島　世界一美しい島の物語』（講談社）は大きな反響を呼び、島の風景に魅せられた新たなファンがＰＥＩを訪れるようになった。

ＰＥＩの風景は永遠に「こわれない」と吉村氏は語っている。島を訪れるたび、吉村氏は同じ丘の上からフレンチ・リバーという村の写真を撮り続けてきた。色とりどりの家や納屋が並ぶ美しい集落の写真は、吉村氏の代表作の一つだ。彼は著書のなかで、この村についてのエピソードを紹介している。

ある年、「あれ、何かが変だぞ……」と感じた。シャッターを押す手を休め、風景を凝視してみても、その理由はわからない。

帰国後、すぐにその時に撮影したフィルムを現像し、六年前に同じ場所で撮った写真と見比べてみた。そして興味深いことに気がつき、あっと声をあげた。

入り江の先端には九軒の建物が並んでいるけれど、向かっていちばん左の青い小屋が、以前と比べるとだいぶ大きくなっているのがわかる。そう、増築していたのだ。

（「こわれない風景」光文社）

同じデザインのまま同じペンキで塗られていたため、毎年フレンチ・リバーを撮り続けてきた吉村氏でさえ、帰国して写真を見比べるまで増築に気づかなかったのだ。

古い建物をうまく生かしながら、少しずつ、少しずつ手を加えていく。島の牧歌的な景観は、たとえ十年という月日が流れても、大きな変化は起こらない。

（「こわれない風景」光文社）

「こわれない風景」は、代々受け継がれてきた景観を大切にしたいと願うアイランダーたちの努力の結果なのだ。プリンス・エドワード島州の州都シャーロットタウンのダウンタウンでは、街の真ん中にあるセント・ダンスタンス教会の尖塔より高い建物を建てることができない。建築から100年以上経った建物は、州の歴史委員会から「歴史的建物」の指定を受けることができ、修理などに補助金が支給されるが、一方で建物の外観を大きく変えることはできなくなる。

PEIでは、道路わきに派手な看板を見ることもない。世界中の多くの地域で、ハイウェイを走っていると「この先に〇〇レストラン」「あと何キロで（ハンバーガーチェーンの）〇〇」といった看板が目に飛び込んでくる。しかしプリンス・エドワード島州政府は、道

写真４　カナダ本土と島を結ぶコンフェデレーション・ブリッジ

路わきなどに宣伝用の看板を設置することを禁じている。宿泊施設でもギフトショップでも、宣伝目的の看板を設置できるのはその施設の前に一つだけ。ＰＥＩを車で走っていて見ることができるのは、「島そのもの」だけなのだ。

１９８０年代後半、カナダ本土との行き来をフェリーに頼っていた島に、全長約13キロの橋をかける計画が持ち上がった。この時、島の生活を一気に便利にしてくれる橋の建設に反対する人たちは、その理由として、島らしい暮らしが損なわれてしまう危険性を挙げた。

島民投票の結果、59％の賛成で橋の建設案は可決され、１９９７年に「コンフェデレーション・ブリッジ」が完成した（写真４）。冬に海面が凍結する地域では世界最長の橋となった。橋は今、昔からあったかのように風景にとけ込み、観光名所ともなっている。人の移動や物資の輸送も格段に便利になった。それでも近年では橋のおかげで別荘地などが増え、景観の維持にはさらなる努力が必要だという声がアイランダーのなかから上がっている。

受け継がれてきた島の風景は、守る努力を怠れば近代的な建築物が立ち並び、看板に埋め尽くされ、あっという間に「こわれて」しまうだろう。島の風景が「こわれない」のは、いつまでも大切に守り、「こわれない」ようにするアイランダーの強い思いがあるからだ。

ファーム・トゥー・テーブル

日本から来た『赤毛のアン』のファンや、ＰＥＩに移り住んで観光に携わるようになった日本人との交流を通じ、島の本当の価値を再認識するようになったアイランダーは、昔から続いてきた島の恵みも景観と同様、「こわれない」ように守るべきものだと考えた。

『赤毛のアン』には、村の農家が作ったリンゴや乳製品が品評会で賞を獲ったとアンが誇らしげに語る場面がある。今、ＰＥＩを訪れた観光客を楽しませてくれるのも、アンの頃と変わらない島の恵みだ。丘で草を食む牛たちが生み出してくれるミルクやバターは絶品だ（写真５）。アンは物語のなかで、アイスクリームを「崇高なもの」と呼んで愛していた。ストロベリーやラズベリー、ブルーベリーなどの栽培も盛んだ。もともと先住民が野生

写真５　伸び伸び育つ牛のミルクはフレッシュでおいしい

写真６　島に自生するワイルドブルーベリーは地面の近くに実る

のベリーを収穫していたものを、入植したヨーロッパ人が畑にするなどして規模を拡大し、島の特産品になった（写真６）。

プリンス・エドワード島州はこうした食の安心・安全こそ大きな観光資源になると考え、カナダ各州のなかで他の州に先駆けて農家にオーガニックへの転換を奨励する補助金制度を導入した。農家やシェフ、レストランなど、島を挙げてのオーガニックの取り組みが続けられている。

例を一つ挙げよう。昔、島の農家は畑の肥料に「マッスルマッド」と呼ばれる海の泥を使っていた。島の特産であるムール貝（マッスル）の殻が沈殿してできた泥には、ミネラルなど海の栄養がたっぷり蓄積されていたからだ（写真７）。

近年、島のオーガニック農家は化学肥料をやめ、「マッスルマッド」さながら、

写真７　かつてのマッスルマッドの採取風景。「ポテト博物館」の展示写真

ムール貝の殻を畑に撒いたり、ロブスターの殻をコンポスト（堆肥を作る容器）に入れて肥料にして使ったりするようになった。海の栄養で土を育てるＰＥＩならではの農業を復活させたのだ。

　レストランのシェフは、オーガニック農家に直接足を運び、丹精込めて野菜や家畜が育てられる光景を自分の目で確かめて買い付ける。文字通り、「ファーム・トゥー・テーブル（農場からテーブルへ）」が現実のものとなっている。

　シェフと生産者の距離が近く、新鮮で質の高い食材がレストランに仕入れられるようになると、良い食材を作る農家が豊かになる。「あそこの野菜はおいしい」という評判が好循環を生み、島全体の農業のレベルが上がっていく。

　オーガニックの目的はもちろん安心・安全な野菜や果物を育てることだが、農家がレストランに直接販売することで、価格をコントロールでき、収益を確保できるという利点もある。ＰＥＩには、登録会員が一定の金額を前払いし、定期的に収穫された野菜を分配するＣＳＡという互助システムがある。豊作や不作のリスクを回避できるので、農家の収入を安定させられるのだ。

　州政府の支援もあって、島のオーガニック農家はどんどん増えている。「ＰＥＩオーガニック生産者組合」は、２０２１年３月現在４８００ヘクタール（48平方キロ）のオーガニック農地を２０３０年までに7倍となる３万２０００ヘクタール（320平方キロ）にまで増やす目標を掲げている。

写真８　ロブスター漁を体験できるツアーも観光客に人気だ

州政府の狙い通り、島で食べられる安心・安全でおいしい食べ物は、大きな観光資源となった。「ＰＥＩフレーバーズ」というプログラムでは、観光客が漁業に同行したり、農場を訪問したりと様々な体験をすることができる。シェフと一緒に森に入り、キノコや野草を採って自分で料理するツアーもある。シェフを育成する島の料理学校で料理教室に参加することも可能だ。

毎年９月、１カ月間にわたって開催される食のイベント「フォール・フレーバーズ」では、島の至る所で生産者の催しが行われ、シーフードの屋台が立ち並ぶ。メインストリートを会場にファーマーズ・マーケットが設営され、ロブスターの浜焼きやカキの殻むき大会、果実酒作りなど、島ならではの食のイベントが盛りだくさんだ（写真８）。

毎週土曜日にシャーロットタウンで開催されるファーマーズ・マーケットは、生産者にとっての販売所であり、アイランダーの台所であり、土曜日に家族で遅めの朝食を取る場所だ。新鮮な野菜や果物、手作りのジャムやパンがずらりと並ぶ光景は、見ているだけで観光客をワクワクさせてくれる。

島のハンバーガーショップに行くと、島の名産であるポテトの袋が店内に山積みにされている。そこに長靴をはいた、見るからにポテト農家という人たちがやって来てハンバーガーを頬張っている。いかに安心・安全な食材であるか、そして彼らが島の食材にどれほど自信と誇りを持っているかがひと目でわかるのだ。

観光客と地元のつながり

１９９７年、アンの家のモデルとなったグリーンゲイブルズハウスで火災が起きた。日本にいる『赤毛のアン』のファンからの寄付のおかげもあって、建物は無事に修復されたが、その修復に当たっては、州都シャーロットタウンの姉妹都市、北海道芦別市が大きな役割を果たしていた。

ＰＥＩでガイド会社を経営する増田かつ江さんによると、グリーンゲイブルズハウスは

１８３０年代に作られた家屋で図面などは存在せず、国立公園管理局（パークス・カナダ）が管理している史跡にもかかわらず、正確に元に戻せるかどうか心配されたという。

ところが、芦別市にあるテーマパーク「カナディアンワールド」には、グリーンゲイブルズハウスとまったく同じサイズのレプリカがあり、建設時に作った設計図が残されていた。芦別市が設計図をＰＥＩに提供し、それに基づいて火事で傷ついた建物を復元することができたのだ。

一方、日本が傷つけばアイランダーも力を尽くしてくれる。増田さんは２０１１年に東日本大震災が起きたとき、日本を思うアイランダーの特別な友情に感動させられたという。震災の発生が報じられるとすぐに、あるアイランダーから「何か日本のために行動したい」と相談を受けた。「その友人はいても立ってもいられないという感じでした」と増田さん。早速、その友人と1週間後にイベントを開催し、持ち寄った品々のオークションや、手作りのお菓子の販売などで寄付金を募り、みんなで千羽鶴を折った。

イベント会場は毎年、『赤毛のアン』のミュージカルが上演されるシャーロットタウンのコンフェデレーションセンターに隣接する「コンフェデレーションセンター・コートモール」だった。被災した日本のためにとセンターが使用を許可し、学生からお年寄りまでたくさんの人が集まった。寄付金は1日で１００万円を超えた。

「遠方から駆けつけてくれた人もいて、島の人たちはみんな日本が大好きなんだなと思いました。私もこみ上げてくるものを抑えきれませんでした」。増田さんも最初は『赤毛のアン』の大ファンとしてＰＥＩを訪れた観光客だったが、島に魅せられ、移り住んだ人だ。テリー神川さんを含め、そんな日本人が島には何人もいる。

２０１９年８月28日、ＰＥＩで新たに建設された「モンゴメリ公園」のオープニングセレモニーが行われた。カナダ側からはモンゴメリの親族や研究者らが参加し、日本からは村岡花子の孫である美枝さん、恵理さん姉妹も駆け付けた。式典後のレセプションには、ＰＥＩで観光関係の仕事に携わっている10名ほどの日本人も招待された。自身も作家である村岡恵理さんは、レセプションの光景をこう振り返る。『赤毛のアン』を愛し、ＰＥＩに移り住んだ方々が、日本との絆を未来につなぐ架け橋になりたいと力を尽くしておられることに心を動かされました」

観光の力

なぜ、またこの島に行きたくなるのか。ある人は「ＰＥＩに来ると魔法にかかる」と表現する。アイランダーは、心からこの島が好きで、島の暮らしを誇りに感じている。アイランダーは自分たちが大好きなＰＥＩを観光客にも好きになってほしいと願い、振る舞う。カナダ流のおもてなしは、彼らの地元を大切に思う心から生まれてくる。

「良いところだろ？」「島を楽しんで！」とアイランダーは観光客に声をかける。観光客はその言葉に引き込まれ、いつの間にかＰＥＩが自分にとっても大切な場所だと思えてくる。地元を愛する人たちが暮らす場所は、訪れた観光客にとってうらやましくもあり、自分もその輪に加わりたいと思わせてくれる。島を去る頃には多くの人がそんな「カナダ流のおもてなし」に魅了され、魔法にかかってしまうのだ。

私たちが生きる世界は時に逆境に見舞われる。新型コロナウイルスによって観光業が受けたダメージは計り知れない。痛めつけられた観光地が復活するのは容易なことではない。長い時間を要するだろうし、復活できずに終わってしまう観光地もあるかもしれない。しかし距離が離れていても、観光は互いに助け合う力を生み出してくれる。

傷ついた日本や世界の観光地が、「観光の力」を信じて最初の一歩を踏み出してくれたらと願う。最初の一歩とは、心から自分が暮らす土地を愛し、その「地元愛」を観光客と分かち合うことだ。

あとがき

「観光の力」を信じてこの本を書き続けてきた私が、今思い浮かべているのは、先住民の島ハイダグワイで見たあの「白い貝殻」だ。打ち捨てられたハイダ族の集落に点々と置かれていた白い貝殻。私たちは貝殻の向こう側に足を踏み入れることはできない。それができるのはハイダの血を引く人だけだ。

オーバーツーリズムに象徴される、旅先に犠牲を強いるような消費型観光と決別し、新しい観光を作り上げていく道のりは、訪れる土地や人々の暮らしをリスペクト（尊重）することから始まる。だから心の中にいつも、見えない白い貝殻を感じ続けることが重要になるだろう。

だが、それは始まりに過ぎない。問われているのは、見えない白い貝殻を心に感じながら、私たちがこれからどんな旅をしていくのか、ということだ。この本を執筆しているさなかに、世界は新型コロナウイルスの脅威に見舞われてしまった。多くの国が人の移動を制限し、次々と国境を閉じた。観光に携わる私たちは強制的に立ち止まる時間を与えられ、コロナ後の観光のあり方について深く考えさせられることになった。

カナダに赴くことができなくなった私は、奇跡の復活劇や持続可能な観光地経営に携わってきた人々にオンラインで補足の取材をお願いした。困難な状況にもかかわらず、パソコンの画面を通じてさらに話を聞かせてくれた人たちに心から感謝したい。

地域の課題を解決し、変化を起こしてきたリーダーたちから話を聞き、対話し、考え続けたことは、コロナ禍を何とか乗り越えたいと思う私自身にとって大きな励ましとなった。そうした取材を重ね、考え続けながら、私は今こそ観光のあり方を見直し、観光地と旅行者の双方とが手を取り合って新しい旅の文化を創造したいと願うようになっていた。

コロナを経験した今なら、多くの人が無理だと思っていた新しい観光を作っていけるはずだ。コロナ禍という試練に見舞われたことで、カナダ各地で奇跡を起こしてきた人々の物語を読んでもらう意味もさらに深まったと感じている。

人々の生活が破壊されてしまったフォーゴ島では、島民が力を合わせて自分たちの暮らしを取り戻し、見事に世界を惹きつける魅力的な観光地となる軌跡をたどった。辺境の小さなコミュニティーもグローバル社会と良い関係を保ちながら自分らしく存続できることを教えられた。

ハイダやイヌイットの事例が示すように、近年カナダ全土で先住民の歴史や文化が見直され、リスペクトに基づいた和解への機運が一層高まっている。先住民観光の取り組みは、過去の差別や不幸な出来事で傷ついた人々を癒し、和解し、再生する力を持っている。

カナダの人々は、観光によって地域の自然や文化、暮らしを今より良い状態にして将来世代に引き継いでいこうとしている。どの章で取り上げた事例でも、地域を守ろうと観光に取り組む人々の熱意に驚き、心を揺さぶられながら原稿を書いた。文字にしたことで、その場所が私にとってもかけがえのない場所となった。

言うまでもないが、観光業は製造業や不動産業などとは違うし、フィクションとして作られたコンテンツを売るビジネスでもない。そこに住む人たちの現実の生活そのものに触れてもらい、体験や交流を通じて対価を得るビジネスだ。だから、住んでいる人の幸せが大切に守られるべきだし、訪れる旅行者や事業者は、その幸せな暮らしを大事にする気持ち、姿勢を持ちながら旅するべきなのだと思う。

フィクションではないリアルな体験、発見や交流、つまり特別な時間を共有する観光が、経済活動のより真ん中に位置するようになれば、世の中はきっと大きく変わってくるだろう。私たちは旅することで幸せになれる。地域もまた旅行者を受け入れることで幸せになれる。社会の制度を大きく変えることはできなくとも、観光には世界を静かに動かし、変えていく力がある。

受け入れる地域の人々と旅行者、そして観光に携わるすべての人たちが、リスペクトと共感の「見えない白い貝殻」を大切にしながら新しい観光をつくっていけたらと思う。きっとコロナ禍で傷んだ地域が元気になるだけでなく、誰もが今よりも幸せを感じられる世界が拓けるだろう。今再び旅立つ私たちは、お互いに尊重し合い、共感を深めながら、より良い未来を必ず作っていけると信じている。

フォーゴ島

世界の果てに立つ美しいホテルで過ごす時間は、贅沢の極み。
空と島と海の境界線がいつしか不確かに感じられるような開放感がここにはある。
Ⓒ Michael Hayter

バンフ

人が自然と親しみ、自然を楽しむのにこれほど適した場所はほかにないだろう。
だからバンフは140年にわたって不動の人気を保っているのだ。

ケープ・ドーセット

緑の石の不思議な彫刻は、夏でも海を氷が行きかう極北の島で生み出される。
この島は、イヌイットだけに見える精神世界と現代社会をつなぐ窓なのかもしれない。
Ⓒ Lee Naraway

チャーチル

ホッキョクグマに出会うだけがここを訪れる目的ではない。猛獣と人はともに生きられること、
そのためには気候変動に向き合う必要があることを旅は教えてくれるだろう。

Ⓒ Jessica Burtnick

バンクーバー

森と海と山に囲まれた都市を、暮らすように旅する。豊かな自然の恩恵のなかで、心が解き放たれる時間。

誰もが屈託なく笑い、今を楽しむ。

© Destination Vancouver / Rishad Daroowala

ハイダグワイ

スカングワイのトーテムポールは朽ち果て、倒れ、新たな芽吹きの「ゆりかご」となる。

世界遺産であっても、ポールが修復されることはない。ハイダ族はどこまでも大地とともにある。

ⓒ Destination BC/Brandon Hartwig

オカナガン

ブドウ畑の向こうには太古の昔、氷河が削り取った複雑な地形が広がる。

だからここには無数のテロワールがあり、行く先々のワイナリーに唯一無二のワインがあるのだ。

Ⓒ Morio Taga

プリンス・エドワード島

いつ来ても、いつまでも、この島の風景は変わらない。

それはこの島に暮らす人たちが風景を変えようとしないからだ。この島の風景が世界で一番好きだからだ。

©Kazutoshi Yoshimura

参考文献

■バンフ

「カナダの謎　なぜ『赤毛のアン』はロブスターを食べないのか？」
（日経ナショナル ジオグラフィック社、平間俊行著）
「BANFF-BOW VALLEY: AT THE CROSSROADS」（Banff-Bow Valley Task Force）
「The Banff Winter Olympics: Sport, tourism, and Banff National Park」
（Cheryl Williams）
「Then and now: 25 years ago, Banff became a town」（Calgary Herald）
「カナダの国立公園制度と民営化の動きについて」（親泊素子）
「カナダの国立公園の理念について」（神辺晴美、伊東孝）

■ケープ・ドーセット

「北極で暮らした日々─イヌイット美術を世界に紹介した男の回想」

（どうぶつ社、ジェイムズ・ヒューストン著、小林正佳訳）

「ジェームズ・ヒューストンと「イヌイット美術」の出発」（国立民族学博物館調査報告、小林正佳）

■チャーチル

「Animal Metropolis: Histories of Human-Animal Relations in Urban Canada」

（University of Calgary Press、Joanna Dean、Darcy Ingram、Christabelle Sethna）

「Polar Bear Alert」（National Geographic）

■ハイダグワイ

「ハイダ・グワイの陸と海　─世界遺産グワイ・ハーナス国立公園を行く─」

（ホスピタリティ・マネジメント Vol.5、小林天心著）

■オカナガン

「カナダの謎　なぜ『赤毛のアン』はロブスターを食べないのか？」

（日経ナショナル ジオグラフィック社、平間俊行著）

「カナダ・ブリティッシュコロンビア州オカナガンバレーのケローナ地域におけるワインツーリズム」

（日本大学文理学部、矢ケ崎典隆）

「BC WINE: HOW BC VQA PAVED THE WAY」（WINES OF BRITISH COLUMBIA）

「Glass Half Full: B.C.'s wine industry is filled with challenges, and possibilities」

（BCBusiness）

「SDGs 達成に向けた旅行・観光分野の役割 ～

「SDGs 達成に貢献する旅行」への意識に海外と日本で大きな差～」（JTB 総合研究所、岡田美奈子）

■プリンス・エドワード島

「赤毛のアン」（新潮社、モンゴメリ著、村岡花子訳）
「こわれない風景」（光文社、吉村和敏著）
「カナダ歴史紀行」（筑摩書房、木村和夫著）

著者紹介

半藤将代（はんどう まさよ）

早稲田大学第一文学部卒業後、トラベルライターやイベント・コーディネーターとして十数カ国を訪問。その後、アメリカに本社を置くグローバル企業で日本におけるマーケティング・コミュニケーションの責任者を務める。

1999年、カナダ観光局に入局。日本メディアによるカナダ取材の企画やコーディネートに取り組む。2014年には、単なる観光素材の紹介にとどまらない新たなコンテンツ・マーケティングの可能性を開くため、オリジナルコンテンツを満載したウエブサイト「カナダシアター」を開設。カナダの文化や歴史、アートなど、あらゆる分野の読み物や動画を活用して多彩なストーリーを展開した。

2015年、カナダ観光局日本地区代表に就任。通年でのカナダ観光の促進や新しいデスティネーションの商品開発を推進。現在は、ニューノーマルにおける新しい観光のあり方を模索している。

ナショナル ジオグラフィック協会は1888年の設立以来、研究、探検、環境保護など

1万3000件を超えるプロジェクトに資金を提供してきました。

ナショナル ジオグラフィックパートナーズは、収益の一部をナショナルジオグラフィック協会に還元し、

動物や生息地の保護などの活動を支援しています。

日本では日経ナショナル ジオグラフィック社を設立し、

1995年に創刊した月刊誌『ナショナル ジオグラフィック日本版』のほか、書籍、ムック、ウェブサイト、

SNSなど様々なメディアを通じて、「地球の今」を皆様にお届けしています。

nationalgeographic.jp

観光の力

世界から愛される国、カナダ流のおもてなし

2021年11月8日　第1版1刷

著者　半藤将代
編集　尾崎憲和
デザイン　宮坂 淳(snowfall)
発行者　滝山 晋
発行　日経ナショナル ジオグラフィック社
〒105-8308 東京都港区虎ノ門4-3-12
発売　日経BPマーケティング
印刷・製本　加藤文明社

ISBN 978-4-86313-520-8
Printed in Japan
乱丁・落丁本のお取替えは、こちらまでご連絡ください。
https://nkbp.jp/ngbook